黄克诚往事

王子君　著

中国方正出版社

序一

谭乃达*

黄克诚是我们党和军队卓越的领导人，杰出的无产阶级革命家、军事家，中华人民共和国开国大将，为中国人民的解放事业和社会主义建设事业，为人民军队的革命化、现代化和正规化建设，作出了重大贡献，彪炳青史。

他的一生大起大落，几度沉浮，但他屡受挫折而初衷不改，每临逆境而信念更坚，显示出坦荡的襟怀和高尚的品格，曾被陈云赞誉为“一代楷模”。

---

* 作者系中国人民解放军中将，原国防大学副政委，《黄克诚传》编委会主任。

他身故后的悼词对他的崇高品德给予了高度评价："黄克诚同志具有坚强的无产阶级党性，不盲从，不苟同，坚持真理，刚正不阿……胸怀坦荡，顾全大局，为了党的整体利益，总是不惜牺牲个人和局部利益。他不居功，不擅权，全心全意为人民的利益而奋斗……堪称共产党人的楷模。"黄老以直言敢言著称于世，新中国成立前后，毛泽东在接管大城市、主政地方新政权、建设现代化军队这种需要披荆斩棘式开创新局面的时候，接连三次"钦点"黄老，这是对黄老政治品质与领导才能的信任与器重。毛泽东曾经说过，"黄克诚是个敢讲真话的人"。黄老是全党全军干部尤其是高级领导干部的表率，他始终坚定党的信念、实事求是、敢讲真话、敢于坚持真理、刚正不阿等高贵品质，是我们党宝贵的精神财富。

作为军人，我对开国将帅们的传奇经历多有了解，对人格独立，政治智慧与军事谋略、道德风范与领导才能都堪称卓绝的黄老始终怀有一份敬仰之情。黄老在回顾自己的入党经历时曾这样写道："我的这个决心不是轻易下定的，而是认真、郑重的，经过长期考虑的，因而是不可动摇的。”纵观黄老60余年革命生涯，自打选定中国共产党，其初心就再也没有动摇过、改变过。他10次因为坚持正确意见而受到错误的批判、打击、撤职降级，甚至险些被杀头，但他始终不动摇、不背叛。黄老定初心，定下的是一种伟大情怀。正因为有这种情怀，党的十一届三中全会决定恢复成立中央纪委时，黄老在历史的转折关头勇挑重担，出任中央纪委常务书记。最让人动容的是，1980年，党内外出现了一股全面否定毛泽东的历史功绩和毛泽东思想的思潮，造成人们思想一度混乱，此时，黄老已是耄耋之年，双目失明，他完全可以置身事外，明哲保身以安度晚年，但他却以党的利益为重，不计个人恩怨，站在历史的高度，以非凡的勇气挺身而出，发表了正确评价毛泽东和毛泽东思想历史地位的讲话，其言行真正震古烁今。他的这个讲话，对特定历史时期统一全党的思想起到了重要作用，其影响“犹如洪钟大吕，响彻在会场上空，响彻在历史的天空！这个讲话所体现的他的博大胸怀与人格魅力，让后世敬慕景仰!”

这样的黄老，怎能让人不敬仰不热爱?!

从20世纪80年代开始，一些党史军史研究者对黄老的研究就从来没有间断过。1999年，经党中央、中央军委批准，由总参、总政、总后、总装、空军、军事科学院和国防大学7个大单位有关人员组成编委会，开始编写《黄克诚军事文选》和《黄克诚纪念文集》。我有幸担任了编委会主任，在组织编写工作中精神备受洗礼。2004年，根据中央和中央军委决定，又组成了“中国人民解放军《黄克诚传》编委会”，编写《黄克诚传》。2012年10月，在黄克诚诞辰110周年之际，《黄克诚传》正式出版，在社会上引起了强烈反响，成为当今弘扬正气、实事求是讲真话、反腐倡廉抓党风的经典之作。

2014年，《黄克诚传》编委会依据党的十八大精神和广大党员干部、读者的建议，策划、筹备摄制有关黄克诚的电视连续剧。要创作反映黄老这样一代伟人的影视作品，必须对黄老有深入而全面的了解。经过慎重考察，编委会选定作家、编剧王子君担纲剧本创作。与所有研究者一样，子君一接触到黄老的历史，就被黄老高贵的人格魅力所吸引、所打动，从此一发而不可收拾。几年中，子君放弃了所有的节假日，放弃了旅游，放弃了探亲聚会，几乎把除了本职工作之外的所有时间都用在了对黄老的研究上，显示出难能可贵的责任心与使命感。渐渐地，仿佛得到黄老精神的真传似的，子君的思想境界日益升华。她将这种思想融入创作中，作品也豁然呈现出超越一般的认识，大气宏阔，格调高尚，天开地广，不知不觉风格自臻。子君潜心研究的成果，除了在《学习时报》《湘潮》等权威党建报刊开花外，已化作了一部部反映黄老一生的影视剧本、纪录片脚本、纪实文学作品。《黄克诚往事》这部仅由10篇作品构成的书稿，语言优美，情节精彩，历史事实准确，人物生动感人，读来引人入胜，可以说既是一部黄老辉煌一生的概述史，又是一部历史美文集，充分展现了子君的创作实力。

文学总是最打动人心的。有优秀作家潜心为黄老这样的历史人物树碑立传，使得对黄老的研究更增添了文学的感染力，这是我们主题思想宣传教育的好事、幸事，宣传和学习黄克诚同志对党忠诚、实事求是、敢讲真话、清正廉洁、勤政爱民等高尚品德和楷模行为，具有深刻的现实意义与精神价值。我衷心期待广大读者能从《黄克诚往事》中得到心灵的洗礼，也希望更多的文人志士加入到研究黄老、研究老一辈革命家的行列里来。

不忘初心，牢记使命。愿黄老精神薪火相传，青史不灭！

序二

黄　楠*

看到这部回忆父亲的书稿，我的思绪突然回到了父亲去世的日子，1986年12月28日中午，他身上插满了各式各样的管子，让人目不忍睹。他独自静静地躺在那里，仿佛是睡去了，那么安宁，那么从容。白色的床单被轻轻地拉起，盖住了他瘦削、蜡黄的面容。这一次告别，再也没有重逢。

从病房到太平间，路似乎那么远，仿佛是在度量着父亲漫长的人生。在那曲折的革命路上，他留

---

* 作者系黄克诚同志长女，中国科学院高能物理研究所研究员。

下的每一处足迹都刻写着战士的忠诚。大革命失败后，共产党员们揩去身上的血迹，重新汇集到党旗下。那时父亲何曾想到自己会活到八十四岁的高龄？二万五千里长征路上，他顶着敌人的枪弹炮火，负着同志的批评责备，向着迷茫的前途一步一步地跋涉，又怎会知道未来的共和国将授给他闪光的勋章？抗日战争时期，他奉命率领八路军二纵队之一部东进，与新四军会师于苏北，建立了苏北根据地。日本投降后，他衔命率兵北上出关，带领的队伍成为东北人民解放军的主力部队之一。全国解放前夕，人民军队千里逐鹿，势如破竹。作为踌躇满志的胜利者的一员，父亲又哪能料到自己十年之后会被扣上“反党分子”的帽子，从此在孤独、屈辱乃至囚禁中度过大约十八年的岁月。然而，一切个人的生死福祸、荣辱得失，丝毫没有动摇他坚实的脚步。

1927 年风云突变。蒋介石背叛了革命，血流漂杵的大屠杀开始了。千万个像父亲一样被高涨的革命洪流带入斗争漩涡的人们都面临着严峻的考验：每个共产党人都需用鲜血和头颅来重新认证自己的理想。党组织的关系断了。不久前的他还在随北伐军一路北进，拔关破城，革命的成功似已可待，而此时却四面腥风，一身孑然。在湘南老家工作的好友黄庭芳被敌人杀害 。报纸上也天天是有关杀人和某些共产党员退党的消息。父亲明白了时局的严峻性，如果说他最初从戎的动机里仍残存有公私兼顾的打算和旧式的“忠孝”观念，对革命的前途也可能抱有幻想，那么在此后艰难血腥的岁月里他舍生忘死地追随党和党的军队，则完全是出于对历史的觉悟了。当时父亲在国民党北伐军中已做到团级政治教官，和团长的私人关系很好，月入过百大洋，据他说按实际购买力来算不少于他后来当大将时的薪水。天平的一边是安稳的生活、还可能有升官发财的希望；另一边则是立马就可能掉脑袋和一个似乎渺茫不知何时才能实现的理想。然而，对于一个生长在半殖民地的中国、从小饱受欺凌压迫的农民的儿子，革命绝不是一个空洞的字眼，当时的中国是世界上最穷的国家（1949 年中国人均 GDP 世界倒数第一，人均寿命 35 岁，世界人均寿命 47 岁），穷人的生活比现在非洲的难民还不如。他感到靠国民党求得贫苦农民的翻身解放已不可能，像千万坚贞的共产党员一样，父亲选择了为穷苦人求解放的事业。他谢绝了团长的挽留，冒着生命危险到武汉找到党组织，随后返回家乡参加了湘南暴动。暴动失败后，又二次找党，历尽艰辛一年多，才回到红军的队伍中。那血与火的岁月，那生与死的抉择，那个人努力与历史狂潮相切相交、相排斥冲撞、相融合渗透的日日夜夜，当是怎样的动人心魄、可歌可泣啊！

然而父亲从未想过把这样的字眼用到自己身上。他从不玩味自己的悲与欢，也极少思虑自己的过去和将来。也许是大革命失败后那一段鲜血淋漓的历史早已涤净了他关于个人的意识。

到了近时社会上有些人洋洋自得地宣扬谋求个人利益，我才重新一次又一次地掂量着父亲那样的理想主义者的人格的重量。当西方人在宣扬并苦恼地追寻那个难以捉摸的“自我”的时候，父亲那代人却这样心甘情愿地摒弃了小我。这并不是说他没有个性，也决不是没有主见。但革命事业就是他的一切：兴趣、哀乐乃至生命。不只是“衣带渐宽终不悔”，而且是出生入死、忍辱含垢也从不动摇。是的，他们就是这样，以自己毕生的实践，拓展着“人”这个字眼的内涵。

十一届三中全会后，父亲担任中央纪委常务书记，后又任第二书记，他年事已高，很快又双目失明，仍全力工作：拨乱反正，端正党风，肯定毛泽东主席建立和建设新中国的功勋，指出毛泽东思想是中国人民和中国共产党人革命经验的总结，是中国革命和建设的理论基础和精神支柱，必须继承、发展、发扬光大。

我父亲和千千万万的共产党人和革命的先驱者用生命为新中国奠基，不论以后的历史，在特定的时刻是歌颂还是诋毁，那一代共产党人的努力已经永远刻进了中华民族以至全人类的命运里。他们的奋斗，他们的勇气和牺牲精神，他们走过的弯路，他们的个人选择所包含的历史必然性，他们执着追求的世界大同的明天，这一切，作为他们的后代，我们不会忘记。

我们今天学习继承他们的理想、勇气和牺牲精神，去克服新的艰难困苦，将更长的中国富强之路走好，将整个世界变得更美好，是我们后代人应承担的责任。

《黄克诚往事》一书的作者子君是在写作中逐步了解我父亲的，这部小书包含着她的理解，希望读者通过此书能有收获和思索。

目　　录

1981年，黄克诚着大将服补授勋照。

“我的这个决心不是轻易下定的，而是认真、郑重的，经过长期考虑的，因而是不可动摇的。”黄克诚在回顾自己的入党经历时这样写道。确实，自打选定中国共产党，其初心就再也没有动摇过、改变过。黄克诚定初心，定下的是一种伟大情怀。

——题记

黄克诚往事

1922 年 8 月底，湖南衡阳省立第三师范的校门前，来了一位 20 岁的年轻人。他形单影只，拎着一只古旧的木箱子，身穿一件洗得发白的土布长衫，面容清癯，身体瘦弱，一看就是贫苦人家出身。但他鼻梁上架着一副宽大的圆形近视眼镜，却让他显出一份深厚的书生气。他好奇地打量着周围的一切，兴奋的神色掩掉了长途跋涉的疲倦。

阳光正金子般地照耀着大地，风正和煦地吹拂着大地，一切是那么的明媚、光艳、充满了生机。他站在校门口，仰头望着白底黑字的“第三师范”几个大字，看着校门里郁郁葱葱的树木和探出校墙的浓密枝叶，心里面已是如沐春风，如浸春光。一切都是新的开始，一切是如此充满希望！

年轻人昂首阔步地走进校门。

这个年轻人，叫黄克诚。当然，这个时候，他还叫黄时瑄。

黄克诚 1902 年（清光绪二十八年）10 月 1 日生于湖南省永兴县油麻圩（今三塘乡）下青村一个普通农民家庭。下青村地处湘南偏僻的丘陵地区，风气闭塞，很不开通。那时已经是民国十年，而这里的人们对于君主、民主、总统、皇帝还分不清楚。尽管如此，下青村依山傍水，山清水秀、林茂田丰，一百余户人家中，大多能过上自给自足的农家生活。但黄克诚家却因为地少人多，加上有一个自小患病的姐姐，家境十分贫困，父亲黄清主老实本分、胆小怕事，时常在借贷中过日子，又被高利贷搞得越发困难。贫困的家庭生活给黄克诚幼小的心灵烙上了深深的伤痕。他从 5 岁起开始参加劳动，每天除拾粪、打猪草外，还得到地里做农活。

为了抬起头来生活，黄清主和几个兄弟商量，大家“集资”培养一个男孩读书，学点文化，即使不能飞黄腾达、光宗耀祖，也能写个状子、祭文，成为村里的读书人。于是，族人议定从祭田里每房抽一担谷子作为束脩（即学费），供一个男孩子上私塾。当时几位叔伯像开民主选举会一样，把家家户户有关的孩子都摆出来，一个一个地评议筛选，最后一致推选 9 岁的黄克诚为“培养对象”。

黄克诚十分聪明，记忆力很强，又十分用功，私塾一读就读到了 17 岁。除中间停学务农 1 年外，读了 8 年私塾。之后，又读到了永兴县立高等小学。但是，对于人到底是为什么活着，生活的意义究竟何在这样的问题，他从读过的书中都没有找出答案。他崇拜著名的东晋田园诗人陶渊明和南宋名臣、文学家文天祥，对陶渊明的《归去来兮辞》和文天祥的《正气歌》十分欣赏，总想学习他们，做一个淡泊名利、忠诚正直的不阿之士。

1922 年上半年，黄克诚在永兴县立高等小学读到第四个学期时，在下青村仅有的两名中学生之一黄锡珍（中学毕业后在县里劝学所当所员，相当于后来的县教育局的职员）的动员下，报考了公立学校衡阳省立第三师范并被录取。

1922 年夏，20 岁的黄克诚怀着要改变生活现状的简单愿望，来到学校报到。于是，出现了本文开头的一幕。

湖南衡阳省立第三师范的前身是南路师范学堂，始建于 1904 年。校址建在巍巍衡岳、泱泱湘水之间的衡州古城。辛亥革命后该学堂改名为湖南衡阳省立第三师范学校，简称“三师”，是当时湘南地区很有影响的一所中等专业学校，它和毛泽东曾就读的长沙湖南省第一师范校际关系甚好。

三师的校址设在衡阳江东岸宴家坪，位于湘江、耒江、蒸江三水会合之处，是个风景幽雅之地。清朝末年，曾在此地办过几所学堂。在校园学区与外界相连的石桥前面，立有一块牌坊，上书四个大字：“南学津梁”，把此地称为南方人士寻求新学的必经之途。

黄克诚入学时，这所学校已建校 18 年。这一期共招生近 130 名，他被编入第 23 班。

入学之初，黄克诚情绪很高。一个穷人家的农村青年，能到这样一所有影响的学校读书，还免收学费、膳食费、讲义费，真是求之不得啊！而且，衡阳城比永兴县城大得多，也很繁华、开通，可以看到很多报纸杂志，听到、了解到很多信息，使他耳目一新，眼界大为开阔。他如饥似渴地读书学习，脑子里除了想好好学习之外，似乎再也没有其他想法了。

然而，很快，他的思想就发生了变化。

家境贫寒的出身，让他受尽了冷眼。这些让他看清了同学的势利，但不足以产生心理压力。让他自卑的是，学校当时设有公民学、国文、英语、数学、社会科学、自然科学、艺术、体育、儿童学、哲学、心理学、教学法等几十门课程。这些课程对黄克诚来说是全新的，加上学校看重英文和数理化，偏偏他在这些科目上基础很差甚至根本没有基础，他私塾和高小时成绩突出的优势在这里荡然无存。他变得孤僻、情绪低落，以至于第一学期成绩很不理想。展望将来，黄克诚不知向何处去。读了师范又如何？对国家、社会、家庭能起什么作用？社会上就业很困难，我这个贫苦农民子弟有什么办法去谋个职业？苦闷与彷徨之际，黄克诚写了一首打油诗："人生总共有几何？何必苦苦学几何？学了几何能几何？不学几何又几何？"

一转眼就到了第二学期，也就是1923年春天，三师爆发了一次轰动湖南全省的学潮。起因是，校方克扣学生伙食费的事败露。1922年4月7日，反动军阀赵恒惕让自己的亲信刘志远接任三师校长，而深受学生爱戴、具有爱国反帝思想的校长颜方珪被解雇。刘志远顽固守旧，惯用封建专制手段压制学生。按规定，每个学生每天伙食费为两角钱，而校里只拿出八分钱用在伙食上，余者均被刘志远及经办人员克扣。学生们以要求改善伙食为突破口，开始大闹学潮，纷纷罢课走上街头，游行示威，发表宣言，通告三师学潮的真相，揭露刘志远等人的种种劣迹。黄克诚本来对伙食好坏从不在意，当知道真相后十分气愤，此时也投入了学潮。学潮震动了全湖南，导致刘志远被免职，撼动了反动军阀赵恒惕的强权统治。

1923 年 6 月，毛泽东赴广州参加中共第三次代表大会，路经衡阳，在此作了短暂停留，会见了领导学潮的夏明震等人，并在三师的一间教室里召开了 100 多名党员和积极分子会议，在会上发表了演讲，对学潮斗争给予高度评价。毛泽东说，反动校长刘志远是赵恒惕政府的忠实走狗，学生们起来反抗，实际上是一次反对反动军阀政府的革命斗争，它是整个工农及各界群众运动的一部分。同时，毛泽东也严肃指出这次学潮没有很好地团结大多数学生和教师，没有把顽固反动势力完全地孤立起来。他要求三师的党团组织和骨干要多看进步书籍，深入群众，注意斗争方式和策略。任何时候任何地方，只要有进步势力和反动势力存在，就会有矛盾，就会有斗争，最终是革命的进步的势力取得胜利，走向历史的前台。

黄克诚在这场斗争中，受到深刻教育。后来他回忆说：“三师学潮是我接触的第一次群众性的斗争，它给我的教育很深，感触甚多。虽然当时我还不能理解这场斗争的意义，但那些为首的学生们不畏强暴、奋不顾身的斗争精神，使我由衷地钦佩。”

没过多久，黄克诚知道了，这次学潮的背后有中国共产党和社会主义青年团的影响，为首的参加学潮的积极分子多是中共党员和团员、具有革命思想的进步学生。

原来，湖南衡阳省立第三师范是一所具有革命传统的学校。从开创到 1922 年黄克诚入学，历任 8 名校长中，曾熙、殷廷珪、吴启凡、罗传矩、颜方珪等都具有不同程度的爱国反帝思想，特别是五四运动后，颜方珪对进步学生的革命活动和传播新文化概不阻挡，而且还聘请了恽代英、陈书农、彭痒夫、黄和钧、吴鸣岗、易克嶷及老同盟会会员谢彬等一批有进步思想的人士来校任教。中国共产党创建初期就在这里播下了革命火种。早在 1920 年 8 月，毛泽东在长沙创办文化书社时，就在三师设立了衡阳分社，并开办书报贩卖部，几个月的时间就售出《社会主义史》《俄国革命纪实》《马克思主义解说》《共产主义 ABC》《新青年》《新中国》等书刊四五千册。1921 年 10 月，毛泽东在贺恕、夏明翰的陪同下来到三师，由三师学生蒋先云、黄静源迎接入校。毛泽东在该校对 300 多名学生作了《中国历史上的农民战争》的演讲。1922 年 4 月 29 日，毛泽东再次来到三师，在雨草坪向 1000 多人作了《社会主义》的讲演。这期间，毛泽东在三师建立了党支部，发展了一批共产党员，蒋先云、黄静源、雷晋乾、唐朝英等都是其中优秀分子。同年 8 月，毛泽东写信给党中央，经陈独秀同意，派中国共产党早期著名的社会活动家和杰出的宣传鼓动家张秋人来三师任教。三师逐渐成为湘南地区中共党团组织和革命学生运动的中心。

这次学潮，给黄克诚以很大震撼，使他开始认识到，学校不是一块净土，社会充满不公与腐败，但群众一旦有组织地起来斗争，是可以改变的。他对社会改革产生了兴趣。之后，他对学业已毫无兴趣，而是全神贯注地阅读他所能接触到的各种书报杂志，深入地探索国家、民族、社会、阶级等政治问题，想方设法地找来毛泽东演讲中提到过的那些书籍学习。一时间，国内的各种政治思潮一齐进入他的视野，他从中发现了许多过去不知道的问题。例如国家、民族正受到外国列强的宰割；军阀战争连年不断；土匪蜂起；灾民遍地；等等。他感到，不光是他一个人苦于没有出路，整个中华民族都处在水深火热之中。中华民族都面临生死存亡的问题，个人出路从何谈起？重重思考之下，他的思想发生了巨大的变化，由过去为个人寻找出路变为立志要为国家、民族、社会寻找出路。

黄克诚开始跳出个人的小圈子，广泛地接触和了解社会，积极参加各种进步政治活动，希求寻找到拯救国家、民族、社会的正确道路。从 1924 年下半年起，他发起成立进步学生团体，组织演讲会，组织永兴县旅衡学友互助社，担任组里的图书管理员，组织读书讨论，学习新思潮，成了革命活动的活跃分子。

永兴县旅衡学友互助社成立后，大家凑钱买了一批书刊，由黄克诚负责购书和保管。黄克诚为大家购买了马克思和恩格斯合著的《共产党宣言》

《阶级斗争》《社会主义从空想到科学的发展》《通俗资本论》《剩余价值论》《价值、价格和利润》《工银、劳动与资本》《唯物史观浅释》等书，通过认真阅读这些书籍，黄克诚在思想上产生了新的飞跃。在当时国际上的各种思潮中，黄克诚最终对马克思主义学说产生了浓厚的兴趣，开始接受阶级斗争和社会主义的思想。他认识到，要根本解决人类社会问题，就是要走社会主义道路，即实行彻底的无产阶级革命。而这条道路，就是中国共产党选定的道路。

黄克诚后来在“自述”中这样写道：“从 1922 年到 1925 年在衡阳省立第三师范这段时期，可以说是我一生中的一个转折点。在此之前，我受古书的影响，眼界不宽，思想狭窄，只想独善其身，做一个淡泊正直的人，随遇而安，知足常乐。来到第三师范之后，我才开始接触到时代的脉搏，开阔了视野，就如同从一个狭小的圈子里突然进到广阔的天地，别开生面。经过 3 年的摸索、探求，先是在国内的各种救国方案之中，我选择了孙中山的国民革命的道路，进而又在国际的各种思潮之中，选定了马克思主义无产阶级革命的道路。我的这个决心不是轻易下定的，而是认真、郑重的，经过长期考虑的，因而是不可动摇的。”

黄克诚下定决心要加入中国共产党的组织，于是便想方设法去寻找入党的途径。当时三师虽已建立了中国共产党的组织，但由于处于秘密阶段，黄克诚找到共产党的组织并非容易的事。他苦思冥想，想到了永兴县旅衡学友互助社的成员黄庭芳。黄庭芳是大同中学学生运动的领导人，接触面广，认识的人也多。他找到黄庭芳，很直接地问：你能不能帮我想办法找到共产党的组织，争取早日入党。黄庭芳也很想参加共产党，听黄克诚这么一说，脸上挂满笑容。黄克诚接着说：我还请你帮我做件事，把我的情况介绍给三师学生运动的领导人刘寅生、蒋元斋，如果刘蒋二人是共产党员，就请他们做我的入党介绍人。

黄庭芳见黄克诚心意坚决，内心十分高兴，答应一定想方设法尽快找到共产党的组织。

1925 年金秋时节，黄庭芳找到了共产党的关系，并把自己和黄克诚的情况向党组织作了介绍，还代黄克诚提出了入党申请。10 月的一天，黄庭芳和黄克诚与中共衡阳区委的龚际飞见了面。龚际飞郑重地说：党组织接受了你们入党的申请，我们请三师党组织对黄克诚同志进行了考察，认为具备了共产党员的条件，由刘寅生和蒋元斋作为介绍人介绍你入党，今后你与党组织的关系，由黄庭芳与你直接联系。

加入中国共产党，成为黄克诚人生中的一次最重要的转折，奠定了他为实现共产主义奋斗终生的基础。他说："我再不是盲目地参加各种活动，而是在党组织的直接领导下，为着一个伟大理想去斗争，这是多么有意义的人生。从此，我在任何时候、任何情况下，再也没有消极过。实现共产主义，成了我终生不渝的追求目标，不论遇到什么样的艰难困苦，此志不移。"

黄克诚用他的一生践行了他的誓言，从加入中国共产党的那一刻起，他对党的一片初心就从未改

1924年，黄克诚联络在衡阳的各校永兴籍进步学生二三十人，成立永兴县旅衡学友互助社。图为部分互助社成员。

变过，他历经曲折坎坷，几十年间有许多次受到错误的批斗，多次罢官，却始终坚持革命的理想信念，为真理敢做敢言；他具有坚强的无产阶级党性，善于独立思考，不盲从，不苟同，坚持真理，刚正不阿；他从不患得患失，胸怀坦荡，顾全大局，为了党的整体利益，总是不惜牺牲个人利益，且无怨无悔。1986 年他逝世后，悼词称他“堪称共产党人的楷模”。

千里寻党记

一

黄克诚加入中国共产党后，顿觉精神上有了真正的寄托和希望，心情格外兴奋，思想上更加充实，胸怀豁然开朗，就像换了一个人似的，参加群众运动的积极性更高了。

1924 年第一次国共合作正式形成不久，在广州的湘籍高级领导人成立了以研究有关湖南革命运动为宗旨的“湖南政治研究会”。随后，为了给国民革命军准备政治工作干部，国民党中央提出了举办短期政治讲习班的建议。

1925 年 12 月 15 日，国民党中央决定开办“政治讲习班”，意在培养国民革命军和各省、区的政治、军事工作干部。政治讲习班全称为“中国国民党中央政治讲习班”，并指定由“湖南政治研究会”具体领导讲习班的工作。研究会即推定谭延闿、程潜、陈嘉祐、鲁涤平和当时在广州的共产党人毛泽东、林祖涵（即林伯渠）、李富春等 7 人组成理事会，谭延闿为理事会主席，李富春为讲习班主任。实际上主持讲习班的是毛泽东、林伯渠和李富春。这就使讲习班实际上变成了培养我军政治干部的学校。为了培养中国共产党的政治工作干部，向湖南以至全国进军做准备，中共中央指示湖南党组织选送一批学生去报考国民党中央政治讲习班。衡阳党组织推荐了黄克诚。

经过考试，黄克诚被讲习班录取。

1926 年 1 月，黄克诚离开衡阳来到广州国民党中央政治讲习班报到，开始了职业革命家的生涯。

这是第一期中央政治讲习班。开学典礼于 2 月

28 日隆重举行。毛泽东、李富春、林伯渠、谭延闿、陈嘉祐等理事都参加了开学典礼。他们相继发表了讲话，勉励学员加强学习，准备投身到即将发动的北伐战争中去，为革命贡献力量。

毛泽东发表了题为《革命分子团结起来》的演讲。他在讲话中指出：开办讲习班的重大意义在于表明革命分子团结起来反对帝国主义、军阀和反革命派，“在炮火中制造革命人才”。参加讲习班的学生，“必须感受不自由而来此做革命工作的”，“望诸位忍苦耐劳，大家联合起来，努力国民革命，努力世界革命!”毛泽东的演讲给黄克诚留下了深刻印象。

北伐前夕，即 1926 年 6 月下旬，中央政治讲习班学员提前结业，他们可以申请参加北伐。黄克诚向党组织递交了参加北伐的申请报告。党组织很快就批准了他的请求。

黄克诚被编入北伐军前敌政治部宣传队，随后随宣传队编入了唐生智部，分配到第八军第四师第十三团担任团指导员办公室政治助理员。北伐军所到之处，受到当地群众的热烈欢迎，他们敲锣打鼓，鸣放鞭炮，为将士送水送饭，这使黄克诚第一次感受到了人民在战争中的力量，并认为北伐军必将所向披靡，无往而不胜。

在第二次北伐取得一个又一个胜利的同时，武汉国民政府内部以汪精卫为首的国民党领导集团的反动面目逐渐暴露出来。汪精卫召开“分共”会议，正式宣布和共产党决裂，公开背叛革命。在“宁可错杀一千，不可使一人漏网”的口号下，汪精卫集团对共产党员和革命群众进行血腥屠杀。唐生智为准备反共，率部回师武汉。

黄克诚此时所在的第二师第四团被派驻湖北孝感，他任该团政治指导员，团长凌兆尧。对于当时所发生的这一系列事件，黄克诚非常震惊，非常愤慨。但由于得不到党组织的明确指示，他无法了解事变的真相。一时间，和他一起在军队工作的共产党员纷纷离去；党员秘密的碰头会也不开了；和他单线联系的组织关系也断了。他陷入迷茫之中，心情很沉重，思来想去，找了一个借口，请假去武汉找党。

北伐战争时期的黄克诚。

这时的武汉，完全笼罩在一片白色恐怖之中，在这种情况下找党的关系非常困难。好不容易接上了组织关系，组织上鉴于武汉形势严峻，介绍黄克诚到长沙去找中共湖南省委，参加湖南地方党的工作。于是，黄克诚离开汉口，奔赴长沙。长沙的党组织活动也已转入地下，省委又介绍他到衡阳找湘南特委。这样，黄克诚又赶往衡阳。在衡阳，他三番五次地去到接头地点，却始终没能与组织接上头。于是，黄克诚决定先回家乡永兴去。永兴的熟人多，或许能够找到当地的党组织，通过他们再设法与上级党取得联系。

黄克诚辗转找党期间，中国大革命已遭受严重失败，形势极为严峻。为坚持革命，走向复兴，中共中央于1927年7月作出决定，组织中国共产党掌握和影响的国民革命军的一部分力量，发动武装起义。

8月1日，周恩来和贺龙等领导北伐部队3万余人在南昌起义，打响了武装反抗国民党反动派的第一枪。从此，开始了中国共产党独立领导革命武装斗争的新时期。8 月 7 日，中共中央在汉口召开紧急会议，总结了大革命失败的经验教训，改组了中央领导机构，把发动农民举行秋收起义作为当前党的最主要的任务。

根据“八七”会议决定，9 月，毛泽东在湖南领导了湘赣边界秋收起义。起义部队遭到严重挫折后，毛泽东收拢不足千人的队伍，在江西永新县三湾村进行改编，于 10 月将部队拉上了井冈山，建立了井冈山革命根据地，开创了井冈山地区“工农割据”的局面。

黄克诚回到永兴，一边了解情况，一边设法找到了刘申、邝振兴、黄平、李卜成等大革命时期幸免于难的共产党员、青年团员和革命积极分子，形成一股力量。他们决定首先找到上级党组织，再按照党的指示开展革命活动。经多方探听，他们找到了中共湘南特委派来永兴担任特支书记、以开照相馆作掩护进行革命活动的向大复。黄克诚持湖南省委的介绍信同永兴特支接上了组织关系，并介绍李卜成、尹子韶等人加入中国共产党，开始秘密组织农民武装起义的工作。随后，参加发动和领导了永兴暴动。

永兴暴动作为轰轰烈烈的湘南暴动的一个重要部分，开始取得了不小的胜利，然而很快遭到了国民党军队的疯狂“会剿”。朱德、陈毅在同湘南特委协商后，决定避敌锋芒，主动转移，向井冈山靠拢。黄克诚突围撤出永兴，率领部队和先期撤出的干部和家属共约800余人，先后与陈毅部、朱德部会师，在朱德、陈毅率领下，向井冈山进发，与毛泽东率领的工农革命军第一军第一师在宁冈砻市胜利会师。会师部队整编为中国工农革命军第四军，下辖3个师，其中第十二师第三十五团由永兴独立团编成，黄克诚担任团长。

没过多久，耒阳、永兴、郴县、资兴等县起义的农军被编成四路游击纵队，黄克诚突然接到上级命令，由他担任第二路游击司令，立即返回湘南，就地坚持革命斗争。

黄克诚于第二天率部踏上回湘南之路。

二

黄克诚带着永兴和耒阳的部队走到离永兴县城30里的树头下村宿营。这时，黄克诚已得知永兴县城里驻有国民党正规军一个团。而黄克诚所带的这支游击队虽然有几百人，但枪支极少，战斗力很弱，而且还带着一些妇女老幼，机动性差。下一步如何行动，需要迅速作出决定。于是，黄克诚召集县委和游击队的干部开会，研究部队的行动部署。他分析了当时的形势，认为敌我力量相差悬殊，没有力量攻打县城，提议先动员妇女老幼分散回家，留下精干力量活动于永兴、资兴、安仁县边界一带，机动作战。一旦形势不利，也便于向井冈山靠拢。黄克诚的这个意见是对的，但遭到了以副司令刘承高为首的一些人的极力反对。他们坚持要去攻打永兴县城。当时部队都是刚刚组织起来的农民，组织纪律观念很差，而家乡观念极重，思家心切，谁也不想到三县交界处打游击。黄克诚再三陈说利害关系，终不能扭转大家的情绪。这时夜已经很深，有些人已很不耐烦了，说是太累，要休息。黄克诚看意见一下子很难统一，只好宣布散会，先宿营休息，第二天再议。一觉醒来，黄克诚发现，除了刘申、黄平、李卜成 3 人之外，其他的人都不知去向。原来在拂晓前，刘承高就悄悄拉着队伍跑去攻打永兴县城了。黄克诚急忙叫醒剩下的几个人，赶紧去追赶部队，要设法把部队拉过来。

黄克诚等 4 人离开宿营地没追多远，就听见前边传来枪声，两个背枪的战士上气不接下气地跑了回来。一问，才知道刘承高带着部队还没有接近县城，一听到枪响，就乱了营，各人奔自己的家乡，跑散了。一支几百人的队伍，就这样一哄而散地垮掉了。这些人跑回家乡以后，陆续被民团抓住杀掉，刘承高亦未能幸免。

形势严峻，黄克诚决定回下青村。一路上，他们昼伏夜行，白天在山林隐蔽，夜间下山到村子里找点吃的，并打探到这一阵子敌人对下青村一带搜查很紧，白色恐怖很厉害。为了便于存身，大家决定分开活动。刘申、黄平带枪到桂阳、常宁两县交界的太平山区活动，黄克诚、李卜成潜回到下青村。

至此，永兴暴动后的3000人武装，就剩下黄克诚和李卜成两个人。他们潜伏在下青村附近的山上，除了黄克诚兄嫂外，村里人谁都不知情。兄长帮黄克诚找到了远房堂叔黄品清。黄品清是个交往广、关系多、有胆识、讲义气的人，同情共产党，好打抱不平。根据黄品清提供的消息，黄克诚得知，自己和李卜成上了反动当局悬赏捕杀的黑名单。自他们撤离永兴城后，国民党反动派进行了疯狂的报复屠杀，永兴全县被杀3000多人。凡留在永兴未走的原旅衡学友互助社的成员、县委和区苏维埃干部，几乎全部被杀，很多人牺牲，有人背叛了革命，少数埋伏下来的也不敢出来活动。总之，农民暴动后的湘南，到处血雨腥风。

黄克诚和李卜成找党的心情更加急迫了，千方百计地寻找上下级关系，但两个多月过去了，听到的仍然都是坏消息：中共湘南特委，杳无音讯；井冈山也已被敌军重重包围，水泄不通。而他俩在村子附近隐蔽活动的时间久了，挨户团也已听到了一些风声，不断搜山围捕。搜山无果，挨户团冲入下青村搜查。他们逼迫全村男女老少到一个打谷场上集合，在人群中逐个辨认，并派兵在全村逐户搜查，没抓到黄克诚，就把黄克诚父亲抓起来拷问。好在黄克诚父亲确实不知道儿子回来的消息，敌人拷问了他一通，还是一无所获。

继续潜伏已是害多利少，也非长久之计，黄克诚和李卜成决定离开家乡到外边去寻找党组织。

1928 年 10 月初，黄克诚和李卜成在一个黑夜离开了下青村。他们打算先到武汉找党，武汉找不到就到南京，南京找不到就到上海去找，一定要找到党。

三

黄克诚和李卜成坐船到了长沙，在火车站爬上一辆拉煤的火车到了武昌。半年多没洗澡理发了，两人简单整理好内务，黄克诚还配了一副眼镜，感到与常人没什么两样了，就去逛大街，希图能碰上个把熟人，设法寻找党的关系。但转悠了三四天，一个熟悉的人也没碰到。他们不敢久留，决定赶往南京。

黄克诚、李卜成一起乘船到南京，在下关一个比较偏僻的巷子，找到一家旧式旅馆住下。在这里，他与曾希圣不期而遇。曾希圣是黄克诚在衡阳读书时的同学，后来又同进中央政治讲习班。曾希圣到南京来也是为了寻找党的关系，他比黄克诚早来一些时日，但至今没有找到党组织。

黄克诚离开永兴时，因家里穷，又受到挨户团的搜抢，临走时没有弄到一点钱，通过黄品清从李卜成家里筹借的一点钱也花得差不多了。为了今后的生活，他们一边打听党组织的消息，一边了解是否有同乡好友在南京，以便求得经济上的帮助。过了几天，他们打听到在衡阳读书时关系不错的同学曹日晖已是国民党军中团级军官，在南京有公馆，便决定去找曹日晖，一方面想向他了解些情况，另一方面想请他资助点钱。

黄克诚和李卜成找到了曹日晖的公馆。李卜成进到宅内，黄克诚留在外边观察动静，以便发生不测好有个照应。谁知李卜成进去没几分钟就出来了，拉着黄克诚就往外走，转回到下关旅馆。原来，曹日晖见到李卜成十分惊愕，张口便说："你真好大胆！竟敢到南京来！这里同乡人很多，正在到处通缉你！你赶快离开，不要待在南京了！"李卜成见曹日晖这种神情，不便多言，只顺势请他接济点路费，好离开南京。曹日晖却不愿意，只介绍他去找另一个同乡刘乙光，说刘乙光现在国民党中央军校工作，有能力帮助你。

刘乙光是黄埔军校第四期的学生，原来是三师的学生，和黄克诚早就相识，而且彼此关系不错，是黄克诚鼓动他去投考黄埔军校的。从黄埔军校毕业后，刘乙光到北伐军中做政治工作，后来到了中央军校。刘乙光见到黄克诚也感到愕然，也说，到处在通缉你们，现在你们不能在南京久留。不过，他要到上海公干，可以把黄克诚和李卜成安全地带到上海。

黄克诚和李卜成跟着刘乙光，很顺利地到达上海。

上海是当时中共中央所在地，黄克诚和李卜成相信在这里一定能够接上组织关系。但由于白色恐怖气氛很浓，党的活动是在极为秘密的状况下进行的，究竟何时才能找到党组织，他们心里没有把握。两人又都是第一次来大上海，人生地疏，考虑到身上的钱很少，不敢住旅馆，就在闸北一个茶馆的后楼上租下一间小房子，在街上买了一块苇席当铺盖，铺在地板上睡觉；又买了几件简单的炊具，自己烧饭吃。

黄克诚和李卜成在上海住了两个月，愣是没有找到组织关系，生活越来越拮据，心里更加焦急。他们决定先去找个职业以谋生，再慢慢寻找组织关系。但几乎跑遍了所有的佣工行，所得到的答复都是：女工尚可考虑，男工一概不招。

有一天，黄克诚在报纸上看到永兴著名的留学生黄璧的名字。

黄璧毕业于日本东京帝国大学，回国后在上海兵工厂炮弹部任主任。黄克诚以黄楚珍的化名给他写了一封信，冒称是程潜所部下级军官，在江西被缴械后漂流上海，因找不到职业，想到南洋去谋生，请他给予帮助。黄璧回信约他面谈。黄克诚赶去与黄璧见面，刚坐下没谈上几句，黄璧就有要事要外出，委托他的一个亲戚、同事来谈。没想到黄璧的亲戚是邓丰立——湖南桂阳县北鸦山村有名的大恶霸！黄克诚读私塾时，邓丰立因与私塾老师有亲戚关系曾来过私塾，两个人早就见过面。湘南暴动失败后，邓丰立在北鸦山杀了很多参加暴动的农民和共产党员。幸而黄克诚这些年变化较大，邓丰立没有认出他，反而问他“黄时瑄现在在什么地方”。“黄时瑄”是黄克诚读私塾时用过的名字。邓丰立恶狠狠地说：“黄时瑄是个杀人放火的共产党，他领头搞暴动，当局正在通缉他。我要是找见他，决不轻饶他！”黄克诚愣了一会儿，但很快反应过来，搪塞了过去，脱身离开。

黄克诚转头给曹勤余写信。曹勤余是大革命时期的共产党员，曾和黄克诚同在北伐军一个团里当营指导员，家住上海。联系上后，黄克诚才了解到曹勤余于大革命失败后脱党，又参加了第三党，现在福建漳州的一个部队工作。曹勤余让黄克诚到漳州他所在的部队做事，条件是必须改变信仰。黄克诚回信告诉他，我的信仰决不会改变。从这以后两人就不再联系。

眼看就要走投无路了，黄克诚又在一张报纸上看到了凌兆尧的消息。凌兆尧已升任国民革命军第53师第158旅旅长，驻防唐山。想到北伐时两人工作配合得不错，黄克诚立即给凌兆尧写信求助。凌兆尧很快回了信，并寄来20块银圆。黄克诚绝处逢生，得以渡过最困难的关头。

这时，也在找党的曾希圣由南京来到上海，通过他的哥哥曾钟圣同党组织接上了关系。曾钟圣即曾中生，时任中共中央军委参谋科长。1929年1月间，曾希圣找到黄克诚和李卜成，告诉他们这一好消息。黄克诚和李卜成激动不已，当即给党中央写了一个报告，由曾希圣通过曾钟圣转交党中央，请求恢复组织关系。党中央很快承认了他们的组织关系，并派人来看望，还给他们每个人 30 块银圆，接济他们的生活。黄克诚心中的一块石头终于落下了，他找到了党，找到了身心的归宿！这个春节，他和李卜成过得非常愉快。

不久，中央军委派人同黄克诚谈话，告诉他他的组织关系属军委系统，李卜成属地方系统，并说中央已发出党员职业化的号召，要求党员自找一份职业，借职业作掩护，解决生活来源的同时，联系各方面的群众，开展革命活动。根据党中央的这个指示，黄克诚觉得可以去凌兆尧处。黄克诚将自己的想法报告了中央军委，中央军委同意黄克诚到凌部工作，并派一位负责人与他谈话，指示他到凌部后如何开展革命工作，发展党的力量，为进行武装斗争准备力量。

大约 1929 年 5 月，黄克诚带着党的重托，从上海乘海轮抵塘沽，到了唐山凌兆尧旅部。

黄克诚在凌部边熟悉情况边开展革命工作。除了接触中下级军官外，还抽空到开平、唐山一带的煤矿去，访问煤矿工人、了解矿区的情况。黄克诚的行动很快引起了凌兆尧的怀疑。于是，凌兆尧找黄克诚聊天，问他到底是不是共产党员，又暗示以后可以委任他为政治部主任。凌兆尧害怕收留一个共产党员在身边惹火烧身，破坏他的仕途，想以封官许愿为诱饵，争取黄克诚放弃信仰，为己所用。黄克诚摸清了凌的心思，决定离开凌部。

恰在此时，黄克诚接到李卜成的来信，说他已回到武汉，接上了组织关系。黄克诚立即动身南下武汉。

黄克诚在武汉见到了李卜成，得知三师同学刘乙光在蒋介石的嫡系陆军某团当少校训练官，部队驻在孝感。黄克诚觉得在刘乙光部队开展革命工作是一个机会，当即写信请刘乙光帮助谋个职业。刘乙光派人接黄克诚到了孝感。

刘乙光将黄克诚以黄仕诚的化名介绍到陆军第二师政训处训育科当少尉科员，具体工作就是管理图书。黄克诚在大革命时期就是北伐军上尉军官了，如今两年过去，却戴上少尉的牌牌，虽说有些别扭，但他并不在意，因为他心里牢记的是：我是共产党员，是来革命的，不是来当官的。黄克诚上班后，每天除忙于办理借阅图书、整理登记书籍、剪贴书报杂志外，抓紧一切机会接触政训处的工作人员，摸清他们的政治倾向，相机开展工作。后来，成功地争取了两位军人投身革命。

不久，黄克诚随部队回到武汉。当时，中共武汉特别支部刚刚遭到破坏，特支书记刘家驹叛变投敌，带领特务抓捕了李卜成。黄克诚独自在虎狼窝里工作，发生危险的概率更高了。一天，他同刘乙光上街，在闹市区突然与刘雄遭遇！刘雄是永兴县一个大地主的儿子，黄埔军校第四期学生，也是黄克诚在三师的同学。湘南暴动时，刘家曾被农民抄没。湘南暴动失败后，刘雄带领“还乡团”和白狗子，到处捕杀共产党员，对参加过暴动的农民进行血腥报复，干尽了坏事。黄克诚也正是他日夜搜捕的目标之一。

黄克诚已来不及躲避。但他急中生智，先发制人，趁刘雄还没反应过来，一把重重地拉住刘雄的手，装作很亲热的样子说：“啊！老朋友，多年不见了，一向可好！”刘雄一时瞠目结舌，说不出话来。黄克诚说完便一松手，快步消失在人群之中。这时，刘乙光又上前拉住刘雄问长问短，估计黄克诚已跑远，才放手而去。

黄克诚脱险以后，再也不轻易上街了。1929 年年底，黄克诚随部队由武汉乘轮船到了南京。

这期间，党组织到处遭受敌人的严重破坏，共产党员和革命者的鲜血流成了河。黄克诚反复思考着大革命失败的沉痛教训，深深地感到，革命必须抓军权，掌握枪杆子，否则，共产党仍为敌人的俎上肉，任人宰割。他决心离开国民党军队，离开城市，到游击区去，重回红军搞武装斗争。

一到南京，他就找了个借口向部队请了假，连夜乘火车赶到上海，找到联系人徐德，将自己的经历与想法详细地作了汇报，并请徐德立即转报中央军委，希望迅速得到答复。

军委通知黄克诚到鄂南游击区去，并指示他立即启程。

黄克诚回到了党组织怀抱，结束了流离辗转于白区的生活，开始走上新的战斗征程。

在千里找党的过程中，黄克诚有过很多次只要放弃信仰就能在国民党军中升官晋级、飞黄腾达的机会，但他都没有理会。因为他心中只有一个信念，那就是追随中国共产党。

坚持真理讲真话

黄克诚素以敢于坚持真理、敢讲真话、敢于建言著称。他率部挺进东北，也是缘于他的建言。

向中共中央建言

1945 年 9 月 17 日，重庆。

毛泽东结束了与蒋介石一天的谈判回到住处，看到了刘少奇由延安转发来的电报。电报内容是新四军第三师师长黄克诚的《关于目前局势和战略方针的建议》。

黄克诚在电报中建议中共中央调精兵10万到东北建立大战略根据地。主要内容有：一、在与蒋和谈的同时，应集中精力准备决战。二、取得连成一片的大战略根据地，有利于进行长期斗争。因此在军事部署上，建议尽量多派部队去东北，至少5万人，能去10万人为最好，并派有威望的军队领导人去主持工作，迅速创造东北总根据地，支援关内作战。三、关内以晋、绥、察三地区为第一战略根据地，以山东地区为第二战略根据地，集中主力，消灭敌人。其他各地区则作为这两大战略根据地之卫星力求局部决战胜利。不可能时，即以游击战争长期周旋。四、为执行上述方针，建议从山东调3万至5万人去东北，华中应调3万至6万人去山东。

这是一份极有战略价值的电报。开辟东北根据地，也是毛泽东心中正在谋划的策略和中共中央正在讨论的问题。这是历史的惊人巧合吗？不，这是黄克诚的心与中共中央想到了一起！与毛泽东想到了一起！

黄克诚的名字最早引起毛泽东的关注，是在红军到达陕北吴起镇时期。

毛泽东并没有直接和黄克诚打交道，但黄克诚因提意见唱“反调”几次遭降职撤职，甚至打了胜仗也挨处分的事，他已有耳闻。

1935 年 11 月初，中国工农红军西北革命军事委员会成立时，一开始没有任命黄克诚任何职务。此前，黄克诚在哈达铺因反对以严酷手段整顿纪律，被从红一军团第二纵队第十团的政治委员降为第二纵队政治部军事裁判所所长，后来所长的实权也没有了，仅随部队行军打仗。

11 月 30 日，毛泽东专门找第二纵队司令员彭雪枫谈话，了解黄克诚的情况，问：“我听说黄克诚带头反对整顿纪律，有没有这回事？”彭雪枫如实汇报了黄克诚的情况。毛泽东点点头说：“黄克诚这个人，优点很突出，但缺点也突出，是个敢讲真话的人。”后来，毛泽东对黄克诚还作过这样的评价：“上自中央，下到支部，有意见他都要讲。他有些意见讲得不错。”

这次谈话几天之后，黄克诚被任命为军委卫生部长。后来，他又担任八路军总政治部组织部长。

但那时，毛泽东对于黄克诚的政治智慧、战略眼光与军事领导才能还没有全面了解，只是肯定了他敢讲真话的品格。

此刻，黄克诚的电报证明了他高瞻远瞩的战略思想，证明了他敢于建言的胆魄！

1945 年 9 月 19 日，毛泽东欣然回电，表示“完全同意”。同一天，中共中央向全党发出《目前任务和战略部署》的指示电，明确提出了“向北发展，向南防御”的战略方针，并决定有计划地陆续向东北派遣军队。这个方针对后来打败国民党解放全中国有着十分重大的意义。

毫无疑问，黄克诚的建议对中共中央下决心派重兵进军东北的决策起到了一定的作用。黄克诚在晚年也曾说过：“中央当时已决定派部队到东北去，但派 10 万人这样多的部队，还是我首先提出来的。”

也许就是从这个时候开始，对黄克诚发去的电报，毛泽东格外重视。

黄克诚怎么会与中央、与毛泽东想到了一起？

1945年8月9日，毛泽东发表《对日寇的最后一战》。黄克诚意识到中国抗战即将迎来最后的胜利，开始思考胜利后中国国内形势的走势。

两淮战役时，黄克诚从淮南津浦路西东返，于9月13日途经新四军军部。在这里，黄克诚得知苏联红军已出兵我国东北。我军也有少数部队进入东北。而国民党军主力距东北尚远，一时还来不及接管东北。黄克诚心中大喜，这正是我们进军东北、开辟与创建东北战略根据地的绝佳时机！

早在毛泽东赴重庆与蒋介石谈判之初，黄克诚就开始思考日本投降以后中国国内形势的走势了。他认为，蒋介石的和谈毫无诚意，内战随时有可能爆发。在这样的形势下，我们的首要议题是如何确定我们的战略方针。如果我们占领了东北，就抓住了胜利的关键。中共中央虽然对出兵东北作了部署，但派的兵力不够多，动作不够快，目前也还没有看到一个全面的部署电……

黄克诚越想越兴奋，9月14日一大早，黄克诚就找到饶漱石谈了自己的想法，请他以华中局名义

1941年12月，时任新四军第三师师长、政治委员的黄克诚。

给中共中央发电报，建议中共中央立即派大部队到东北去，不管苏联红军同意与否，要下决心进军东北，不可错过时机。

但饶漱石不同意发此电报。黄克诚只好说，那我就以个人名义发吧！饶漱石这才应允。

在这个中国必将进入一个新的历史时期的紧要关头，在中共中央对出兵东北还没有作出一个具体的全面的部署之时，黄克诚以成熟的战略家眼光，洞观全局，着眼发展，以超人的胆识以个人名义向中共中央和中央军委发去了这个伟大的战略建议电报！

电报发出之后，黄克诚继续策马东返，指挥两淮战役。

关于这个建议，刘少奇后来在同一位领导干部谈到黄克诚时说：我们对黄克诚的认识比较迟，像他这样能以战略高度思考问题并向中共中央提出建议的高级干部太少了。新四军军长陈毅在接见挺进东北的第三师营以上干部会上说："在进军东北这个重大问题上，你们的黄师长早就给中央发了电报，建议要派10万人出关，建立战略根据地。你们别看他眼睛近视，但那副近视眼镜可厉害了，是千里眼，看得远哩！”

率部挺进东北

黄克诚没有想到，进军东北的任务，会历史性地落在自己和第三师的肩上。

接到命令后，黄克诚立即召开旅以上干部会，部署北进事宜。他下令，部队北进要坚持两条：一是要带上棉衣棉被，二是要全副武装。

部队一下子像炸开了锅。很多传言称，日本投降后，东北遍地是武器及物资，随便可以拿到，去东北应该轻装前进，不用带武器。有人看着天上明晃晃的太阳发牢骚道：“这黄老头子怎么了！尽出怪招儿。不但带着装备，还要背着棉衣？”黄克诚不为所动。1945年11月部队赶到辽西时，辽西凛冬已至。雪落无声，天寒骤起。而武器遍地的传言也是无稽之谈。官兵们这才体会到黄克诚“千里眼”的厉害，心悦诚服。

1945 年 9 月 28 日，黄克诚和洪学智率领新四军第三师主力 4 个旅和 3 个特务团 3.5 万余人，浩浩荡荡地向东北挺进。黄克诚骑在他那匹枣红色战马上，显得格外的意气风发。

黄克诚、洪学智率部昼夜兼程，跨过黄河，抵达冀东，然后经玉田，由冷口翻越燕山出关。出关后，又一路顶风冒雪，翻山越岭，历尽千辛万苦，历时两月，徒步行军 1500 多公里，跨越江苏、山东、河北、热河、辽宁五省，于 11 月 25 日到达锦西地区的江家屯，胜利完成了中共中央制定的进军东北的战略目标任务，堪称壮举。

谁知，黄克诚到达江家屯的第二天，锦州被国民党军占领。

但新四军第三师的到来，令东北人民自治军（1946 年 1 月 4 日改称东北抗日联军）总司令林彪十分高兴。林彪一直谋划在锦西高桥以西打一次大规模歼灭战，苦于兵力不足迟迟不能开战。现在，有了第三师，加上山东的第一师、第七师和冀热辽军区的部队，共有四五万兵力，他的想法可以实现了！

有打大歼灭战想法的不只是林彪。当时东北有3个叫得很响的口号：一个叫“独霸东北”，一个叫“拒敌于国门之外”，一个叫“最后一仗”。中共中央包括毛泽东，东北局领导包括彭真、罗荣桓等，不断指示进关部队迅速夺取大城市，与进关的国民党军决战，十分乐观。

但黄克诚深感忧虑。他素来不打无把握之仗。他认为当前国民党军气势正盛，我军应暂时避免与之决战，先建立根据地站稳脚跟才是上策。否则，后果不堪设想。这个大仗现在根本不能打！

黄克诚的看法是有依据的。当时部队刚刚入关，遇到的困难出乎意料。就第三师来说，出发时有3.5万人，一路上因各种情况已减员至3.2万人；原以为武器装备遍地都是，可苏联与国民党军签有条约，不准我军接收苏军缴获的日伪军事物资。部队粮草将尽，武器短缺，人困马乏，处境已显艰难，现在又要马上打大仗，怎么打？

11月26日，黄克诚给远在延安的毛泽东发去急电。电报着重报告了部队遇到了极为困难的情况，即有名的“七无”说法：

部队50多天行军，极疲劳……现遇到极为困难之情况，无党、无群众、无政权、无粮食、无经费、无医药、无衣服鞋袜等，部队士气受到极大影响，锦州、山海关以西北地区土匪极多，少数人不能通行，战场极坏，而敌人已占锦州，将直到沈阳、长春。

我提议：我军应暂不作战，进行短期休整，恢复疲劳，再进行作战，并以一部主力去占中小城市，建立乡村根据地，作长期斗争之准备。

我与林彭罗*初见面，特向你提议，是否有当，请考虑。

意见归意见，命令归命令。在意见未获批复的时候，黄克诚仍是顾全大局，执行命令。这是他一向奉行的原则。11月27日晨，根据林彪命令，黄克

---

* 指林彪、彭真和罗荣桓。

诚率部队向高桥、塔山一带开进。出发前，他又给中央军委发电，再次建议在东北建立根据地。

历史又一次证明了黄克诚的远见卓识！他提出“建立东北根据地”和他建议进军东北一样，都对中国革命的历史进程起了重大作用，是又一个伟大的建议！中共中央和中央军委对黄克诚反映的情况和意见很重视。12 月 22 日，中共中央在致黄克诚的电报中说：“关于建立根据地，你是有经验的。”

11 月 27 日，黄克诚见到林彪，直言不讳地表示：“策疲乏之兵，当新羁之马，是不可取的，目前大仗打不得。”林彪采纳了黄克诚的建议。

11 月 28 日，毛泽东和中央军委复电黄克诚：“直接向东北局请示和提出建议。”毛泽东同意尽快建立东北根据地。同日，毛泽东给东北局发来电报《建立巩固的东北根据地》，明确提出要把东北工作重心放在距离国民党占领中心较远的城市和广大乡村，以便发动群众，建立巩固的根据地，逐步积蓄力量，准备将来反攻。毛泽东还详细阐明了建立根据地的方法。

看到大仗暂时不打了，看到自己关于建立根据地的建言被中央采纳，黄克诚十分欣慰。他后来说："毛泽东的这一指示，指明了东北工作的正确方向，对统一大家的认识，坚定信心，为最后夺取解放东北的胜利，奠定了思想基础。"

于是，黄克诚果断地将第三师第十旅和独立旅分散到阜新以北、彰武东西地区活动，"消灭土匪，发动群众，建立根据地"。他亲率第八旅和3个特务团等部北进攻占通辽，随即在通辽、开鲁一带开辟根据地。分散到各地开展工作后，第三师初到东北的困难迎刃而解，战斗力大大加强。

这时，东北局在西满建立分局与军区。黄克诚得知后，即打电报向东北局建议，把新四军第三师与西满军区合并，以便于统一部署指挥。东北局采纳了这个建议，任命黄克诚为中共西满分局副书记兼西满军区司令员，并仍兼任第三师师长、政治委员，与分局书记李富春一起领导开辟和建设西满根据地。

四平保卫战中提建议

1946 年 2 月，国民党掀起反苏浪潮。斯大林十分恼火，下令苏军全部撤走。此时，国民党东北军主力尚集中在沈阳，一时无力去接管其他各大城市。黄克诚认为，这是我们夺取城市、发展壮大的良机。时不我待，他的目光首先盯住了四平。

四平地处东北平原中部，系中长、平齐、四梅 3 条铁路交会的交通枢纽，连通东、西、南、北满，是东北地区最具价值的军事战略要地。控制了四平，几乎等于控制了长春、哈尔滨，既可迟滞国民党军进攻，又可使部队得到物资和装备的补充，即使攻占后守不住再撤出来，也是大大有利。他的想法得到了李富春的赞同与支持。

3 月 12 日，苏军从沈阳一撤出，黄克诚立即将第十旅调到四平附近待命。

3 月 14 日，苏军撤出四平。18 日，第十旅攻下四平。

随后，随着苏军撤退，黄克诚指挥第三师攻占了长春、齐齐哈尔。

黄克诚挥师连克 3 城，抢占到我军进占东北城市的先机。

苏联撤兵，蒋介石也调集兵力大举进犯东北。黄克诚指挥第三师夺取四平后，蒋介石非常恼火，他深知，没有四平就没有东北。国民党军依仗其军事上的优势，狂妄地宣称："4 月 2 日前，一定要克复四平！"

四平，成了东北战场的一个聚焦点。

为阻止国民党军长驱直入，3 月 24 日，毛泽东给东北局和林彪、黄克诚、李富春发出指示，要求东北民主联军迅速集中主力，坚决控制四平地区，给北进之敌以有力的打击。

4 月 4 日，林彪率指挥部移至四平前线——梨树县城，拟坚决与敌决一死战，力争胜利，以奠定东北局面。

黄克诚乘火车赶往梨树县，当面向林彪表示坚决支持四平决战，并主动建议，新四军 4 个主力旅，均交由林彪直接指挥，以便统一部署大规模作战。

林彪对黄克诚在关键时刻所表现出的大局意识十分感动，也十分满意。

4 月中旬，国民党军兵分 3 路攻打四平。林彪征求黄克诚的意见，商讨四平战法。黄克诚建议，选择敌 3 路中较弱的一路，在西面打敌左翼，歼灭一部分敌人有生力量。林彪采纳了他的建议，击退敌人的第一次分进合击进攻。

初战失败，国民党军更加恼火。4 月 18 日，国民党军倾其全部主力，集中 8 个军约 30 万人的兵力再度猛攻四平。

林彪指挥 10 万大军迎战。四平保卫战打响了！

此时，西满分局驻地已移到了白城子。黄克诚没能直接参与指挥四平保卫战，但作为西满军区司令员、参战主力部队新四军第三师的师长兼政治委员，前方的战事时时牵动着他的心。

随着战况发展，我军伤亡惨重，形势万分危急。得地失人，人地皆失；得人失地，人地皆得。死守四平已没有意义。黄克诚从白城子给林彪发电报，建议不能与敌人硬拼。敌人一开始进攻的时候，打它一下子，以挫敌锐气，是完全必要的。现在敌人倾巢而出，与我决战，而我军暂时尚不具备进行决战的一切条件，因此应当把四平及其他大城市让出来，让敌人进来，我们则到中小城市和乡村去建设根据地，积蓄力量。等到敌军背上的包袱压得他们喘不过气来的时候，我们再回过头去逐个消灭他们，那时候我们就主动多了。

黄克诚的电报一封接着一封，建议林彪从四平撤退。但林彪既不回电，也不撤兵。黄克诚忧心如焚。5 月 12 日，黄克诚直接致电中共中央，就四平保卫战提出了对东北局势的看法，建议撤出四平。

自建议进军东北的电报以来，黄克诚发往中共中央的电报，每次都能及时回复，而这次发给中共中央的电报，不知什么原因迟迟未见回音。

5 月 19 日，毛泽东方以军委名义给林彪发电报，称："如果你觉得继续死守四平已不可能，便应主动放弃四平，由阵地战转为运动战。"

从四平撤退后不久，黄克诚问林彪："我发了那么多电报建议撤退，你为什么既不回电，也不撤退？”他情绪激动，语带质问。可林彪只是静静地听着，不生气，也不回答。

1947 年 3 月，李富春调到东北局后，黄克诚代理中共西满分局书记，全面负责西满的各项工作。黄克诚从大局出发，把新四军第三师全部交给总部林彪直接指挥。

很多人对他此举表示不解：第三师本就属于西满军区，又是他从苏北带出来的部队，为什么拱手交给林彪？黄克诚笑了。“1935 年，中央红军长征刚到陕北时已是极度困难了，毛泽东写条子给红十五军团军团长徐海东求援，徐老虎竭尽全力慷慨解囊，雪中送炭。”他说，“任何一支部队都是党的军队，不是哪个将领的私有军队。现在林总更需要三师”。

有了黄克诚第三师的支持，林彪如虎添翼，叱咤东北战场，迅速打开局面。

黄克诚的胸襟，几人堪比！

在新四军第三师进军东北和参加解放东北的战

争中，黄克诚不时地提出有针对性的建议。他的高贵品德、政治智慧与军事才能，也赢得了中共中央和毛泽东的高度信任与器重。辽沈战役后，毛泽东亲自点将，任命他担任天津市军事管制委员会主任、中共天津市委书记，随东北野战军南下入关，接管天津。

黄克诚翻越燕山，经由冷口入关。他回首燕山，迎着东方的曙光，心潮澎湃，浮想联翩：3 年前，他率部从冷口出关进入东北，去建立根据地，谋求发展；如今，他率部从冷口入关，是去迎接胜利，迎接新中国的诞生！时间，仅仅过去 3 年，但却“换了人间”！

黄克诚不由自主地吟出了毛泽东《十六字令》中的诗句：“山，倒海翻江卷巨澜！”“山，刺破青天锷未残！”

黄克诚是一位具有远见卓识的革命家、军事家。他高贵的政治品质，正是我党宝贵的精神财富。

1986 年 12 月 28 日，黄克诚因病逝世。中共中央政治局委员、中央军委副主席杨尚昆在追悼会上致悼词，对黄克诚的崇高品德给予了高度评价：“黄克诚同志具有坚强的无产阶级党性，不盲从，不苟同，坚持真理，刚正不阿。他在历史上多次因为坚持正确意见而受到错误批判、打击，甚至被撤职降级，但始终保持刚直敢言，为人民无私无畏的高尚品德……胸怀坦荡，顾全大局，为了党的整体利益，总是不惜牺牲个人和局部利益。他不居功，不擅权，全心全意为人民的利益而奋斗……堪称共产党人的楷模。”

艰苦朴素“抠门佬”

1941 年 1 月，黄克诚被任命为新四军第三师师长兼政治委员，率新四军第三师在苏北抗日。

苏北地区由于日、伪军的残酷扫荡和经济掠夺，生产力遭受很大破坏，抗日军民的生活极度困难。

根据党中央、毛主席关于开展大生产运动的指示精神，黄克诚向全师发出《关于开展生产运动的训令》，要求全体主力及地方部队，在不妨碍战斗的条件下积极开展大生产运动。在发展生产的同时，提倡厉行节约，反对贪污浪费。

当时，盐阜区种植棉花，却没有纺织厂。老百姓穿衣，全靠自己手工纺织，一年织的土布还不够自己穿衣用，干部战士军装用布更是困难。1943 年部队发放夏季服装时，棉布不能满足部队需要。黄克诚在指挥抗日战斗之余，也思考着如何解决部队棉布供应困难问题，以减轻人民的负担。

一天深夜，黄克诚突然有了主意。他拿着军帽，让妻子唐棣华帮他改帽箍。

新四军的单军帽，沿用了国民党军队陆军军帽式样。这种军帽，在后脑处多一道双层布箍，放下来，前面部分可以拉到下巴，但这种帽箍平时没多大作用。黄克诚早就在琢磨怎样把这道帽箍由双层改为单层。他盘算着，一个人帽子一个小布条，一百个帽子就能用尺量了，第三师两万余人，算起来就能节省三四千尺布，要是全军算起来，就更多了。他让唐棣华把他的帽子改成单层箍，他先试戴。

唐棣华听黄克诚这一算账，很是惊喜，连忙掏出针线包，把帽子拆下来改成单层箍，又一针一线地缝合。黄克诚戴起帽子，正了正帽檐，高兴地说：“这跟双层箍的帽子不是一个样嘛！”

第二天一早，黄克诚就把这顶改过的帽子交给师部其他干部试戴，大家都一致认为，这样改得好，帽子同样戴，布却省了不少。

黄克诚从帽箍得到启发，又仔细地审看自己穿的军装，思索如何节省更多的布料，最后提出改革制服的办法：上衣翻领改成直领，去掉两只口袋；裤子由宽大的中式裤腰改为西式小裤腰；不发绑腿布。军装本来就是土布做的，改装后就显得更“土”了。新四军第三师和苏北军区的全体指战员领到新军装时，有人发起了牢骚。为此，黄克诚穿着和大家同样的“土”军装，专门召开大会。他说：“军装改一下并不影响我们穿着。我们现在土，现在不习惯，以为不美观，但我们今天的节省，是为了明天的丰富多彩……全师两万余人，一天一人省一两粮，一天就是上千斤粮；一人一套军装节省一二尺布，全师省下来的布料有一万多米，积少成多，就能派大用场……”

果然，此项改革举措的作用是巨大的。这样一改革，整个苏北部队一年就节约服装面料万余米。

连续几年，布料节约数量很可观，大大减轻了苏北人民的负担，使根据地人民得以休养生息。

黄克诚发现，打篮球在场上奔跑，鞋子容易坏，于是号召全师干部、战士，打篮球时脱掉鞋子，赤脚上场，以减少对鞋子的磨损。有一次，第三师政治部主任吴法宪穿着布鞋打篮球，黄克诚看到了，毫不含糊地当场叫吴法宪脱下鞋子再打球。

黄克诚一贯惜民力，重民生，珍惜人民的一针一线。他规定，苏北的党政军机关人员在苏北各县开会、出差，自带口粮，一律不予招待或另行报销。他提倡吃糙米、杂粮，以瓜菜代口粮。他指示各部门，一切军需物资、生活资料、卫生用品的发放，都要有严格限制。对违反者，必加追究。

黄克诚要求部队厉行节约，自己更是首先做到，能为公家节省就尽量节省。根据地巩固扩大、部队供给好转以后，黄克诚仍然保持艰苦朴素的生活作风，从不大手大脚。部队发给他的毛巾，他剪成两块，一条当成两条用。他说洗脸时，只用毛巾当中揩脸，两边揩不到，结果当中破了，四边还完好，剪开来用就可以节省一半；发给他的牙膏，他退回去，自己用廉价的牙粉刷牙。

在黄克诚的倡导和模范行动影响下，党政军机关干部，都十分注重爱惜人力物力，节约一分一厘。一张白纸两面用，一只信封用两次，自制墨水，个人日用品和津贴也都尽量节省使用，节约交公。他们还自发地利用工作之余、部队利用战斗间隙，不但帮助农民耕地、栽种、收割，还自己开荒种粮食，养猪、种菜、磨豆腐，纺纱织布。久而久之，新四军第三师和苏北军区各部队自力更生、艰苦奋斗、勤俭节约、爱惜民力蔚然成风，成为一支纪律严明、军风整肃，与苏北人民建立起深情厚谊、军民亲如一家的抗日“铁军”。

人民群众看在眼里，感动在心里。很快，盐阜区、淮海区 500 多万群众投入大生产运动，掀起开垦荒地、多种粮食和家家纺纱、户户织布的热潮。因此，在艰难困苦、烽火连天的抗日战争年代，黄克诚率第三师竟创造了烽火弥漫下的经济奇迹，使苏北抗日根据地呈现出百业兴旺、生机勃勃的初步繁荣景象，被人们誉为“江北小延安”。

黄克诚的一些类似于“改军服”“光着脚打篮球”的故事广为流传后，很多人私下里亲切地叫他“抠门佬”。黄克诚很受用，他觉得节约无小事，节约能办大事，就应该理直气壮地“抠门”才是。

1942 年 3 月，刘少奇离苏北回延安时，称赞黄克诚是“经济学家”。刘少奇在总结讲话中说：“全军 7 个师，第三师人最多，花钱却最少。”

周恩来也称黄克诚为“管家理财的行家”，认为他不但会打仗，对经济工作也很内行，而且勤俭节约，精打细算，会用钱。周恩来说：“他这个人我了解，你给他 1 万块钱，他能当 10 万块钱用。”

因为“抠门”，因为“会用钱”，黄克诚率新四军第三师在苏北经营 5 年的时间里，艰苦奋斗，生产自救，节约了一笔可观的经费。1945 年 9 月，黄克诚奉命率新四军第三师从苏北进军东北。大军千里挺进东北，中央是不拨发经费的，也没有钱给第三师，经费全靠第三师自己解决。第三师省吃俭用节约的这笔经费，可以说派上了大的用场。根据黄克诚的指示，这笔经费除兑换一些国民党的“法币”外，考虑到应急，又把仅限于在苏北地区流通的货币换成黄金一并带到了东北，成为有名的“黄金家底”。

是艰苦的革命生涯，使黄克诚养成了开源节流、精打细算的节约作风。

中华人民共和国成立初期，黄克诚受毛泽东亲自点将担任湖南省委书记。黄克诚常认为自己不是一个武人，因为他特别喜欢抓经济建设。他说过，中国那么穷，只有抓好经济建设，国家才能强大，有底子才行。在湖南，他十分重视抓经济建设。

湖南刚解放时，通货恶性膨胀，工商业急剧衰败，工矿业纷纷倒闭，土地荒芜，粮食减产，民生凋敝。面对这样一副“烂摊子”，黄克诚一到湖南就提出了节约开支发展生产的主张。他号召大家，大力压缩支出，停止开办一切非急需事业，停止支出一切非急需支出，不盖办公楼，不买小汽车，先发展工业。他提出用他从东北带来的“家底”和省委节约的经费办一座湘江织布厂，率先投入工业生产。

对于黄克诚节约经费创办湘江织布厂，当时还有人想不通。可当投入生产建设的举措一一落实，大家看到了发展工业生产的成果，看到了节约开支的意义，就再没人有牢骚议论了。1956 年 5 月，时任湖南省工业厅副厅长杨第甫随省委书记周小舟去广州向毛泽东汇报湖南工作情况，当谈到地方工业时，追述黄克诚于解放初领导湖南工作，树立了艰苦朴素的作风，一切因陋就简，把节余的财源，都用在建立地方工业方面，如用省委机关的经费结余办了湘江织布厂这件事时，毛泽东很是赞赏，高兴地说：“我就是喜欢黄克诚这一点。”

1952 年 9 月，黄克诚调任总参谋部第三副总参谋长兼总后勤部部长（1954 年 10 月又兼任总后勤部政治委员）。此时的军队后勤系统，存在着严重的浪费现象和官僚主义等严重问题。黄克诚提出了“为国家负责，为部队负责”的后勤工作指导思想，强调“保证国家的资财不要在我们手里浪费掉”。

1953 年 8 月，为落实中共中央和毛泽东提出的“边打边建”的军事工作方针，中央军委作出了修建

1952年，黄克诚在湖南。

营房的决定。黄克诚主持领导修建营房工作。

大规模修建营房当然需要大笔的经费。但中央刚刚作出压缩军政费用的通知，国家拿不出足够的资金建房。黄克诚亲率张令彬、范子喻等到北京、沈阳等几个军区进行考察调研，了解情况，还到地方建设部门作了调研，走访一些地方砖厂、水泥厂、木工厂和建筑工地时，他们和水泥匠、瓦匠、木匠、油漆匠以及技术员交谈。回来后，黄克诚从我国国情军情出发，考虑我们自己的经济条件和部队实际需要，本着“少花钱，多建房，内部挖潜”的原则，领导制定了营建标准：一是确定建筑标准为每平方米 40 元。1 个师建 20 万平方米，投资 800 万元，要能使用 20 年；要求在坚固、实用、节约的前提下，做到少花钱多建房子。在建筑结构形式上，除住城市的部队可以修建楼房和配备卫生、暖气、上下水等设备外，其余部队基本建平房。二是实行经费包干。经费包干的办法，即按不同情况，规定营房每平方米的造价，提倡自烧砖瓦、自出人工；造价包干后，超过不补，节约归本单位支配。为保证质量，除包造价外，还要包质量，包使用年限。

此标准一出，各部队牢骚满腹，纷纷抱怨按这样的要求建房子太难了。有位姓杨的军长，黄克诚的老部下，对建营房的事有想法，特地找来叫苦道："黄老，您知道我这个人是不怕难事的，可40块钱建1平方米房子，那是难死人的，我怎么算也不够用，建议再提高点！"

黄克诚苦口婆心地说："我们可以从人工成本处节约。要发动群众。我们的战士都是农村出来的，不少人会烧砖、烧瓦、垒墙砌石，做木匠活，人工钱你几乎可一分钱不花嘛。搞正规化、现代化建设，处处要用钱。国家拨的军费有限，而需要钱的地方又多，这就要求我们大家学会动脑筋，想办法，克服困难，自力更生啊。"

杨军长恍然大悟，连忙表态说"回去就照您说的办"。

在军委和总参、总后常务工作中，军费的分配和管理是最重要的内容之一。这也是黄克诚刚到总参工作时感到最伤脑筋的问题，主要原因是供需之间的矛盾太突出。

在 1953 年 7 月全国财经会议上，毛泽东提出，1954 年的国防费要减少三分之一，挤出来的钱用来搞经济建设，发展工业。经费减少了，国防和军队建设还不能削弱。如何在不超过军费总定额的前提下，把钱用好，成为军委面临的大问题。黄克诚提出了总体方针和办法：第一，不向国家伸手，矛盾不上交，自行调节安排；第二，号召大家，顾全大局，艰苦奋斗，千方百计，少花钱，多办事，办好事。各军兵种、各总部按照此方针提交精简方案。

受彭德怀委托，黄克诚主持召开各军兵种、各总部领导人联席会议，研究年度经费预算问题。面对各自部队预算要精简的数字，会上吵得一塌糊涂。但最后再有意见的也只能接受黄克诚站在全局的高度所作出的预算分配方案。“碰上这个‘黄老抠’把门，恐怕也只能这样了！”“回去再好好研究一下，如何少花钱，多办事，办好事吧！”其实大家也都明白，“黄老‘抠门’抠得有道理！”

1958 年 8 月 23 日 17 时 30 分，第一次大规模炮击金门战斗正式开始。黄克诚深知，炮击金门的目的是声援中东人民、惩罚蒋介石、引起全世界人民注意台湾问题，体现出毛泽东的战略眼光。炮击金门作战是一种特殊的作战，他一再指示作战、情报等部门，一定要认真领会毛主席、党中央的指示，及时掌握报告有关情况，为毛主席、党中央决策提供可靠依据。

在炮击作战的具体指导上，黄克诚也提出了自己的建议。随着战事的进展，毛泽东作出了“打而不登，封而不死”、暂不收复金门、马祖等岛的决策。这时，黄克诚主张，炮击主要目的是示威，表示态度，现在目的基本达到，不应再过多打炮，以减少消耗。前线使用的大炮及炮弹，绝大部分是从苏联进口的，经几次大规模炮击显示，现有大炮射程和威力不十分理想，炮弹也趋紧张。10 月 1 日，福建前线指挥部急电，请求向国外订购 130 加农炮及 100 以上高射炮，调补加农炮弹。黄克诚一面部署调补，一面给彭德怀写报告，提请向苏联紧急订购，并提议适当减少发射炮弹数量。购一发大口径加农炮弹，要花 4 两黄金的钱，福建前线指挥张翼翔心疼，黄克诚更心疼。

庐山会议上，毛泽东召见黄克诚时说：“你总好提意见，上到中央，下到支部，你都要提意见。什么意见你都提！”“去年炮击金门，后来你也有意见！”黄克诚辩白说：“至于炮轰金门，既然我们并不准备真打，稍打一阵示示威也就行了，炮轰的意义就不大。打大炮花很多钱，搞得到处都紧张，何必呢？”此话令毛泽东哭笑不得，黄克诚这个“抠门佬”，“抠”得不是没道理。

黄克诚于公于私，“抠门”的故事不胜枚举。无论身处艰难困苦的战争时期，还是身居高位手握审批重权，他都严于律己，以勤俭节约为本分，从不铺张浪费，始终保持着艰苦奋斗的共产党人的本色和为国为民谋福利的初心。在他身故后，除了几件棉袄、军衣和一些珍贵的历史图片，几乎没有其他东西，但是，他艰苦朴素“抠门佬”的种种传说却成了后人宝贵的精神财富。

毛泽东三次点将

天津解放在即，毛泽东点名黄克诚接管天津。

1948 年 11 月 18 日，辽沈战役刚刚结束 16 天，中央军委就决定发起平津战役。11 月 20 日，中共中央指示东北局："……请黄克诚以尽快速度结束工作，率干部随东北野战军南下，黄并准备担任天津军管会主任兼天津市委书记。"

此时，中共冀察热辽分局书记兼冀察热辽军区政治委员、东北军区前方第二指挥所政治委员黄克诚正在沈阳参加东北局的一个会议。他得知中央决定后很高兴，决心不负重托，悉心准备，迎接崭新的历史使命。会议一结束，他即昼夜兼程返回冀察热辽分局所在地，迅速交代了分局和军区的工作，火速率一批干部入关。

黄克诚这次天津任职，是由毛泽东点将的。在毛泽东心里，打天津主要是东北的部队，选择一名有威望的东北部队的领导干部主持军管会工作，有利于天津地区的稳定和工作开展，黄克诚沉稳、老练，富有开创新局面的经验，是最适当的人选。

1949 年 1 月 14 日 10 时许，攻城部队对天津发起总攻。15 日 15 时，战斗胜利结束。16 时许，黄克诚率军管干部进入天津，开始对天津进行全面接管。

由于事先准备工作比较充分，加上攻城部队纪律严明，入城后又正确执行“各按系统，自上而下，原封不动，先接后管”的方针和“避免乱，必须稳”的工作原则，接收工作进展顺利，一周就完成了接收，基本上达到了“完整接收，免遭破坏”的目的。天津很快消除了战争痕迹，全面恢复生产，开始进行城市管理与建设。2 月 25 日，黄克诚给总前委并中共中央写了报告，从进入天津前的准备工作、天津情况与各阶层的动态、接收工作的经过、迅速完成完整接收的原因、存在的问题和教训等方面作了汇报。报告体现了黄克诚实事求是的工作作风，黄克诚向中央报告经验，也如实反映问题，毛泽东很赞赏这一点。报成绩没什么不好，但报问题、报“忧”更可以提醒中央如何搞好下一步的工作。更重要的，毛泽东认为黄克诚总结的这些经验教训对以后新解放的城市搞好军管很适用，希望了解得更透彻些，遂召他到香山当面汇报。

随着战争的胜利，解放的城市越来越多，全国的工作重心将转向城市。但党的大部分干部长年累月奋战在战场上，都没有管理城市的经验，对怎么搞城市工作是一头雾水。天津先走了一步，有经验，也有教训，都很宝贵，毛泽东请黄克诚来当面汇报，也是想掌握些自己不了解的情况，向这些在第一线的同志讨教。

香山是中共中央于 3 月 25 日从西柏坡迁至北平后的临时办公地点。毛泽东住进双清别墅以来，不

1948年年底，东北华北两军会师。

断地接见各种人物，像陶鲁笳、方志纯、邵式平、陈正人、曾希圣等，都接见过。黄克诚也是非见不可的。

黄克诚一直盼着有当面向毛泽东汇报的机会。接到通知后，他一刻不停地奔往香山。5 月的香山美不胜收，黄克诚更是心花怒放。自从参加革命以来，他感到对自己影响最大的人就是毛泽东了。毛泽东那高超的政治智慧与出神入化的军事战略思想，让他打心眼里佩服。在他 20 多年的革命生涯中，毛泽东对他的影响是潜移默化的。毫不夸张地说，他崇拜毛泽东。

毛泽东香山召见黄克诚，命其南下主政新湖南

黄克诚来到双清别墅，紧紧握住毛泽东向他伸过来的大手，激动地说：“主席，您辛苦了，身体好吧？”这是黄克诚第一次近距离接触毛泽东，也是第一次和毛泽东面对面谈话，他不仅紧张，还觉得

幸福。

“身体还好，就是睡眠有点问题，老毛病了！”毛泽东打量着黄克诚，关切地说：“嗯，你在第一线，百事扰心，更辛苦啊！不过，也正是因为有了我们的辛苦，才换来今天的胜利，值得！”“主席为全中国操劳，更辛苦啊！”黄克诚慨叹道。

毛泽东摆了摆手：“你莫要谦虚，你们接管天津的工作搞得不错嘛！你的报告我看了，今天再请你来谈谈。我需要向你们在第一线的同志讨教啊！你善于从实际抓工作，又善于及时总结经验教训，很可贵呀！谈完了这个题目，再谈谈你下一步的工作安排。”黄克诚从容沉稳地向毛泽东汇报了接管天津的工作。毛泽东对他主持接管天津工作大加赞许，并告诉他中央已经决定让他去主持湖南的党政军工作。

“是我点名让你去的。你有天津的经验，又是去我们的家乡，风土人情熟悉，你去我放心。”毛泽东说。黄克诚深感这是一项新的重要使命，这是党中央和毛主席对自己的信任。他表决心说：“谢谢党中央和主席对我的信任！我一定在党中央和主席的领导下，带领全省人民建设一个新湖南，让桑梓之地的山山水水变得更美好，让父老乡亲过上幸福日子！”毛泽东要的就是他这份信心和决心。

“想到就要回到阔别20余年的故乡工作，有一种游子还乡的兴奋。但老实说，天津有天津的情况，湖南有湖南的特点，天津的经验湖南不能照搬，这工作怎么做，还请中央和主席作指示。”

“怎么做？遇到问题多思考多商量，多请示多汇报。一切从实际出发，联系实际情况执行政策，探一条新路子出来。总之，你只管放心大胆地干！”毛泽东愉快地笑道。黄克诚在天津的工作，令他很是满意。他当初点将黄克诚南下接管天津时，就相信他能在天津作出一番成绩，获取一番经验。黄克诚是一员干将，而又不仅仅是一员干将，他善于总结经验，更善于发现问题，处理棘手的问题时老成持重，放到哪个位置上，都能让人放心。两个人聊着工作，不知不觉窗外已经晚霞如火。

黄克诚向毛泽东告辞，不料毛泽东却说：“你我革命二三十年，我知道克诚你干工作是把好手，可还从来没有这么面对面谈过话，更不要说坐在一起吃饭了！今天机会难得，我为你设个‘盛宴’，你吃完饭再走。”

黄克诚心中涌起一股暖流。毛泽东百忙之中留他吃晚饭是关爱，更是荣誉啊！

所谓“盛宴”，就是两个炒菜一个汤，外加一碟霉豆腐。当然，“盛宴”是地道的湖南菜，连菜汤里都放了辣椒。

餐桌上，毛泽东对黄克诚谈了把他放到湖南去的原因。在毛泽东眼中，黄克诚是开创新局面的一把“刀”。一团乱麻的事情，他很快就能理出个头绪，在新四军三师，在东北给林彪搞战勤，他都能抓住主要矛盾，带动全局。一切从实际出发，抓主要矛盾，这是毛泽东的一贯思想，而黄克诚把他的思想变成了实践！天津是华北最大的城市之一，黄克诚利刀斩乱麻，4 个月就把天津稳住了，确实是一位既能独当一面又能统揽全局的“刀把子”式人物。湖南地处江南腹地，近代有“得湖南以挽天下”

之说，但湖南也是近现代革新与守旧、革命与反革命搏斗的主战场，是土匪最多、反动势力最强的地区之一，如今是我百万大军解放大西南和两广的必经要道，中央当然要把最得力的领导干部放到湖南，把这把“刀”放到湖南。

回到天津，5 月 28 日，黄克诚收到中央发给他和罗荣桓的电报：“华中局已同意中央意见，你们应休息数月。”黄克诚一看电报就知道这是毛泽东为中央起草的。他知道，这是毛泽东让他养精蓄锐，搞好身体，准备迎接新的战斗。

原来，毛泽东在听取黄克诚汇报时，看到这位爱将身体瘦弱，因此十分关心，一再叮嘱黄克诚要注意劳逸结合，不能太劳累。黄克诚在天津一边养病，一边思考着湖南的新政。9 月，他应邀前往北京参加新中国的新政协会议。

9 月 7 日晚，毛泽东、刘少奇、朱德、周恩来等领导人和许多民主人士共百余人齐聚北京前门火车站，迎接程潜来北京参加会议。程潜、陈明仁率部起义，为湖南的和平解放写下了光辉的一页，“义旗昭著”，毛泽东对他礼遇有加。毛泽东点名要黄克诚参加这个欢迎仪式。

一看到黄克诚，毛泽东便向他伸出手，关切地问道：“怎么样？身体好些了吗？看你气色，比5月份见面时好多了……快养好病，新政协会后，你就去湖南上任了，王首道他们几次来电催你呢！”

“谢谢主席关心！我也很着急！”黄克诚有些激动。

毛泽东又说：“中央已经决定在湖南组建军政委员会，由程潜任主任，你是副主任。怎么样，有意见吗？”

黄克诚回答得很干脆：“没有！”毛泽东叮嘱黄克诚说：“我们应当摒弃前嫌，广泛团结各界爱国人士，同他们真诚合作，目的只有一个，共同建设新湖南，建设繁荣富强的新中国！”

黄克诚坚定地说：“我一定尊重颂公（程潜）和子良（陈明仁），搞好团结，请主席放心！”

程潜到达后，毛泽东特地将黄克诚介绍给了他。黄克诚非常敬重程潜，在湖南主政期间，和程潜相处得很融洽。

当天晚上7时整，黄克诚参加了在中南海怀仁堂举行的新政协筹备会议。当毛泽东操着高亢的湘音向全世界宣布“占人类总人数四分之一的中国人民从此站起来了”的时候，会场风雷激荡，掌声一阵高过一阵，经久不息。黄克诚和许多代表一样，眼眶里挂着泪花，激动不已。他相信，中国人民将在毛泽东的带领下，将新中国建设成美丽富强的社会主义国家。

开国大典后，1949年10月底，黄克诚抵达湖南，开始履职中共湖南省委书记。

黄克诚在湖南主政3年，遵照中央规定的政策，在稳定社会秩序、恢复发展生产、调整城乡关系、发展文化教育事业的同时，完成了剿匪、土改、支援抗美援朝、镇反、“三反”、“五反”等一系列工作，消灭了封建势力，根绝了百年匪患，发展了生产，培养了大批人才，安定了社会。湖南人民安居乐业，一个崭新的湖南，展现在世人面前。

黄克诚，成了新湖南的奠基人！

黄克诚在湖南正干得起劲，毛泽东速调他赴中央军委

就在黄克诚意气风发，准备继续带领家乡人民奋斗若干年，为建设新湖南作出更大的贡献的时候，1952 年 7 月，中共中央电令，要调他到北京担任中央军委副总参谋长兼总后勤部部长。这一次，又是毛泽东亲自点将点到他的。

这个调令来得太突然了，黄克诚的心中不由得起了波澜。他不想离开湖南，他舍不得离开湖南啊！

他在房间里踱起步来，一圈又一圈，一圈又一圈……

终于，他拨通了毛泽东的电话。“哈哈，我就晓得你会给我打电话。怎么，想不通？”电话那边响起毛泽东爽朗的笑声。黄克诚直言道：“主席，我不是想不通。我是觉得我比较适合做地方工作……”

话还未说完，毛泽东打断了他的话：“克诚，我明白你在湖南正干得起劲，舍不得离开！剿匪、镇

反、搞土改、搞工矿业、团结民主人士，哪一样都很有成绩，确实有干头！可你比较适合做地方工作，不等于你不适合做军队工作嘛！你本就是从军队到地方的，你在湖南，不是也一直兼任着军区司令员和政委嘛！现在军委更需要你！”

“能做军队工作的大有人在嘛！”黄克诚申辩道。

“我老实告诉你呀，现在的总后勤部刚组建不久，是个乱摊子！也是个大摊子，亟须加强领导。”

毛泽东的语气明显地严肃起来，“军委一致认为，你是最佳人选。克诚，你就别留恋湖南了，中央已经作出决定。乱摊子不是谁都可以收拾的嘛，现在军委要用人，要用你这个人，是全盘考虑过的，你就莫跟我啰唆了。”

“既然这样，主席您放心！”黄克诚态度一下子坚决起来，“我现在确实不想离开湖南。但我记得朱老总曾经说过的：‘戏点到谁谁就唱，共产党员嘛！我们都要听党中央的。’既然中央作出了决定，我不再坚持个人意见，坚决服从中央决定！”

黄克诚自参加革命以来，20 多年里没有回过家乡，在湖南3年了都没回过永兴老家。毛泽东得知后，命他赴任北京之前一定要回老家看看，说“不要像我，现在想回去看看都难了”。黄克诚深深理解毛泽东因操劳国事不能回韶山看看的心情，服从了这个命令。

1952年9月，黄克诚恋恋不舍地离开湖南到北京任职。

20世纪50年代初期，人民解放军的后勤保障工作正处于历史性转变时期，集中统一的军队后勤工作正处于初创阶段，面临着后勤体制建设、基础建设和统一供应等一系列新的任务和课题，工作千头万绪，说是个“乱摊子”一点也不为过。

黄克诚了解一番情况后，即正式上班，主持后勤全面工作。10月，中央军委主席毛泽东签发命令，正式任命黄克诚为总参谋部第三副总参谋长兼总后勤部部长。1954年10月31日，黄克诚出任军委秘书长。同月，黄克诚被任命为国防部第一副部长、总后勤部部长兼政治委员。1955年被授予大将军衔。1956年，在中共第八次代表大会上，黄克诚被选为中央委员、中央书记处书记。同年，他又增补为中央军委委员。

1958 年 8 月 31 日，中共中央政治局决定黄克诚接任总参谋长一职。1954 年黄克诚出任中央军委秘书长以后，不再主持总后勤部的日常工作，但直到 1957 年 5 月，他一直兼任总后勤部部长、政治委员，后勤工作方面的重大事项仍向他报告，经他批准办理或上报军委批准办理。

黄克诚在中央军委期间，职务越来越重要，工作越来越多。

他主管后勤工作前后 5 年的时间里，提出和确立了“为国家负责、为部队负责”的指导思想，健全完善后勤工作规章制度，为实现后勤工作向现代化建设的转变，奠定了良好基础。

黄克诚自到总参主持日常工作开始，直到 1959 年被罢官，在长达数年的时间里，他协助彭德怀、聂荣臻主持军委、总参日常工作，主持大规模精简整编，担负朝鲜前线的战勤保障；在涉及党和军队根本领导制度的争论中，黄克诚抵制苏联一长制，提出“党委集体领导下的首长分工负责制”，被认为是对党和军队政治工作的一大贡献；在炮击金门战役中，他深刻领会这是毛泽东精心决策、直接指挥的集政治、军事与外交于一体的重大斗争，并参与了炮击金门作战的组织和指挥，是毛泽东和周恩来、彭德怀的重要助手；他支持建立新装备，协助彭德怀、聂荣臻领导军队武器装备向现代化发展，并受命直接领导了“两弹”（导弹、原子弹）基地试验场选址和初建工作……总之，黄克诚在中央军委期间，为人民军队的革命化、现代化和正规化建设，作出了巨大的贡献，堪以彪炳青史。

毛泽东重用黄克诚，缘于对他政治品质的信任

新中国伊始，毛泽东在接管大城市、建设新湖南、建设现代化军队这种需要披荆斩棘式开创新局面的时候，接连3次点将黄克诚，实在是对黄克诚的绝对信任与器重。在这之前，他从来没有与黄克

诚有过直接接触，为什么如此信任他？

1935年9月，中央红军突破国民党反动派的围追堵截，到达了位于岷山脚下的哈达铺。在这里，中央红军按照彭德怀在俄界会议上提出、政治局通过了的整编建议对部队进行了整编：中央红军改称“陕甘支队”，辖3个纵队：第一军改为第一纵队，林彪任司令员，聂荣臻任政委；第三军改称第二纵队，彭德怀兼司令员（10月以后由彭雪枫接任），李富春任政委；军委纵队改称第三纵队，叶剑英任司令员，邓发任政委。黄克诚所在的红三军团教导营编入第三纵队。营没有了，他的营政治委员也随之免了。

部队开始整编时，上级拟派黄克诚担任第二纵队政治部组织部长，因有位领导同志说他反对整顿纪律，历史上一贯右倾，不适宜做领导工作，因而作罢。

其实，黄克诚并不反对整顿纪律，他反对的是以“整顿纪律，审查干部”为由，不顾当时实际情况，采用最严厉的打击甚至处死的手段对待那些违纪的人。黄克诚把自己的意见表达了出来，那位领导因此认为他不可靠，不适宜担任政治工作，更不能带兵。在对黄克诚进行严厉批判之后，安排他担任第二纵队政治部军事裁判所所长。黄克诚自参加革命以来，已数次因提出自己的意见而遭误会被降职免职，这次被如此安排也不在意。但因为他“心慈手软”，裁判所所长的职权很快也被剥夺，凡有关审判、处死刑的事情都不让他管了。这之后，他仅跟着部队行军打仗而已。

10 月 19 日，中共中央和陕甘支队到达陕北革命根据地的吴起镇，11 月初抵达甘泉地区的下寺湾同红十五军团会师。11 月 3 日，中华苏维埃共和国临时中央政府决定，成立中国工农红军西北革命军事委员会，毛泽东、彭德怀、周恩来、王稼祥、聂洪钧、林彪、程子华、郭洪涛为委员（后又增补叶剑英、聂荣臻、刘志丹为委员），毛泽东为主席，周恩来、彭德怀为副主席。同时，西北革命军事委员会发布命令：恢复红一方面军番号，彭德怀任司令员，毛泽东任政治委员，叶剑英任参谋长，王稼祥任政治部主任。红一方面军下辖 2 个军团，全军共 1 万余人。

这次整编中，一开始没有任命黄克诚新的职务。11 月 30 日，毛泽东专门找彭雪枫谈话，了解黄克诚的情况。毛泽东问道：“我听说黄克诚带头反对整顿纪律，有没有这回事？”彭雪枫如实汇报了黄克诚的情况之后，直言不讳地说：“我认为黄克诚同志的意见是正确的，我支持他的意见！但由于黄克诚同志提了意见，领导就认为他不可靠，不宜担任领导工作，更不能带兵，并开会对他批判，那是不对的。”毛泽东听后点点头说：“黄克诚这个人，优点很突出，但缺点也突出，是个敢讲真话的人。”

这次谈话几天之后，黄克诚被任命为军委卫生部长。下寺湾会师后，毛泽东开始真正关注黄克诚。黄克诚在新四军三师时，刘少奇就对他有了全面的认识，曾经说：我们党对黄克诚这个人和他的工作才能认识得有些晚。毛泽东虽身居中央，却耳听八方，对于黄克诚的政治智慧、战略眼光和领导才能高度认可。毛泽东重用黄克诚，似乎在弥补对黄克诚“认识得晚”的遗憾。黄克诚多次因为坚持正确意见而受到错误的批判、打击、撤职降级，但他始终坚定信念，实事求是，敢讲真话，顾全大局，这种高贵的政治品质，正是我党宝贵的精神财富。

戴眼镜的军委顾问

1976 年 10 月，“四人帮”被粉碎了。消息传开，举国欢腾。国家有救了！人民有希望了！正在山西名为副省长实则靠边站的黄克诚一颗悬着的心放下了，他对党和国家的未来充满了信心，也因此又燃起了重新工作的希望。

此时，黄克诚眼疾严重复发，但他忍着病痛，坐在桌前，铺开信纸，认认真真地给中共中央和华国锋写下了一封信。他写信，一是表达自己拥护以华国锋为首的党中央一举粉碎“四人帮”；二是陈述自己的处境和痛苦，希望在有生之年还能为党工作。

与此同时，唐棣华在北京为黄克诚眼疾复发焦虑不安。她也给中央写信，请求批准黄克诚回京治疗眼疾。

唐棣华写完信，没有寄出去，而是拿着信找到了陈云。

陈云对这十几年黄家的大致情况是清楚的。他一见唐棣华，便感慨地说："棣华同志，这些年黄老受难，你能不离不弃，承受了难以想象的压力，实在了不起!"唐棣华眼睛湿润了："我没有离开他，我相信他不是反党分子。"

"历史有还黄老公正的一天。这一天不会远了。"

唐棣华转入正题："陈云同志，我今天来，有件事要拜托您。"

陈云平和地说："你说，我一定尽全力。"

"黄老现在患有严重的白内障，右眼已经瞎掉，左眼也快看不见了，在山西太不方便治疗，我给中央和华国锋同志写了封信，请求让黄老回北京治疗，想请您帮忙转交这封信。"

"好。"陈云毫不犹豫地应诺道。

"您现在也刚出来工作没多久，头上的帽子还没摘，可能也有许多话不好说。但我相信您和黄老的革命友情，我也相信您是个仗义执言的人。"唐棣华更加真挚地说。

陈云点点头："就算我再多戴一顶帽子，我也要将此信转交给华国锋同志和李先念同志，怎么也要让黄老回北京治病。你就放心吧，我们党和国家的春天已经来了！"

唐棣华将两封信交到陈云手里。

陈云接过信，想了想，说："这样，我再给叶剑英同志并华国锋同志写封信说明一下。"

唐棣华知道这是更为稳妥的做法，连声道谢。同时，她的心被深深地感动了，她相信两个老革命的情谊能够感天动地，她也相信党和国家的春天已经来到了，黄克诚也将看到这个春天！

经过深思熟虑，陈云在给叶剑英并华国锋的信中写道："叶剑英同志并华国锋同志：黄克诚是红三军团的老干部，军队干部对他比较熟悉。解放战争时期他带新四军第三师到东北。全国解放后，他在担任总参谋长时参加中央财经小组与我接触较多，曾有几次应我要求调动军队汽车支援河北农田基本建设，感到他是照顾全局的，为人是克己朴素的。他的眼一只已瞎，另一只也很危险，为了治愈他唯一的一只眼睛，请考虑调他回京治疗。”

随后不久，在华国锋主持的政治局会议上，讨论了黄克诚的信、唐棣华的信、陈云的信。

华国锋说：“对于黄克诚同志的处境应予重视。黄克诚这个人不仅陈云同志了解，我也比较了解，总体印象是作风亲民、实事求是、廉洁、顾大局。他以前在湖南当省委书记时，我先后担任湘阴县委书记和湘潭县委书记。我认为完全可以批准黄克诚回京治病。”

叶剑英立即附议道：“我同意。黄克诚这个人，重返山西本来是要安排工作的，因为批邓、反击右倾翻案风又靠边站，要不得。”

李先念也立即说：“要赶紧治好他的眼疾，他还可以为党工作！”

于是，华国锋拍板道：“那好，立即通知山西省委让黄克诚返京治病！请中央组织部安排。”

就这样，1976年年底，黄克诚回到北京，住进了301总医院治疗眼疾。陈云此举不仅改善了黄克诚的医疗条件和生活状况，而且为黄克诚恢复工作创造了条件，并为庐山会议“彭（德怀）黄（克诚）张（闻天）周（小舟）”冤案的平反迈出了第一步。

经过一段时间的治疗，黄克诚眼疾痛、涩的症状有所减轻，其他方面的病情也均有所缓解。但是他的右眼已无法复明，左眼仅保有微弱视力。医生嘱咐他，他的身体主要是支气管炎严重，出院后要注意慢慢调养。

黄克诚情不自禁地叹息自己老了。但他不是叹自己的生命，他是叹年纪大了，不能为党和国家工作了。

眼看着就快出院了，天天都有人恢复工作的消息，黄克诚却是一点要安排工作的迹象都没有，一家人情绪上不由得疑云密布，又做好了他要回山西的准备。

1977 年 7 月 16 日，中共十届三中全会在北京隆重举行。会议召开后没几天，中央组织部派来两个青年干部通知黄克诚：在北京就地休养，不用回山西了。中央组织部安排他住进了中央组织部招待所，还发给他一张请柬，请他八一节去人民大会堂参加建军节庆祝活动，仍然没有提及要给他安排工作的事。但黄克诚敏锐感觉到，自己就快有工作了！

考虑到黄克诚自参加革命以来长期在军队工作，新中国成立后在天津和湖南工作时，也担任军队领导职务，1952 年调中央军委，至 1959 年被罢官，历任副总参谋长兼总后勤部部长、政治委员，军委秘书长，军委总参谋长，对军队工作熟悉，中央决定黄克诚回军队工作。1977 年 11 月 25 日，华国锋颁布命令，任命黄克诚为中共中央军委顾问。

经历了近十八年的坎坷后，黄克诚在军队又有了职务。这意味着尽管还没有对他的历史问题作出结论，没有正式摘掉“反党”的帽子，但已是正式复出，有了工作，获得了完全的人身自由，迎来了生命中的又一个春天！

黄克诚担任军委顾问后，家从中央组织部招待所搬至翠微路总参第三招待所，先期复出的王建安、谭政、王平等人也住在这里，他们都曾经在军队工作过。

中央和军委对军委顾问没有提出具体的工作任务，主要是先安排他们的政治待遇问题。但蒙冤十八年、长期没工作的黄克诚很珍视中央这个安排，他没有忙着去走访过去的各种关系，也没有提出有关自己的平反和职级待遇恢复问题，而是立即对军队工作"顾问"起来。对军队和各总部送呈的文件、资料，他都要家人读给他听；军队系统的领导干部来看望他，向他谈起军队建设时，他会非常有兴趣地倾听，并不时插话询问有关情况，然后发表自己的看法，并针对存在的问题，主动提出建议。他就像快要干枯的禾苗，突然迎来了雨露阳光，重新获得了生机，精神焕发。

在总参第三招待所住下后，军委总政治部副主任史进前率先来拜访黄克诚，一是要问问他对生活待遇有什么要求，二来请他对军队工作作指示。

来之前，史进前犹豫了好一阵子。黄克诚“赋闲”被审查期间，是史进前亲自将保卫处干部丛树品派到他家，行使“管理员”职权，监督他的生活。虽然那是组织上安排的，但自己是具体的执行人，想起这一点，他不知黄克诚会不会宽谅自己。

一进门，史进前就上前紧紧握住黄克诚的手，倾着身子，连声说道：“黄老，我是进前，来看您来了！这么多年，您受苦了！您受苦了哇！”

黄克诚坐在沙发上，听到是史进前来了，高兴地说：“哦，是进前啊。都过去了！过去了！来，坐，坐！”他朝旁边的座位伸了伸手。

史进前在沙发上坐下。他见黄克诚一只眼睛已经失明，看自己的样子也有些吃力，不知如何是好，一时沉默无语。黄克诚似乎感受到了他的局促不安，便主动问道：“进前哪，你现在是政治部副主任，抓政治思想工作不容易吧？”

“是，现在军队工作也是千头万绪。”史进前缓过神来。

黄克诚立即说：“千头万绪，问题是要有‘头’

绪。要抓住主要矛盾。眼下，抓政治思想工作最重要的是抓革命性。政治思想工作和全党一样，面临一个加强革命性的问题。革命性革什么？我听到不少反映，说现在有些人‘向权看’‘向钱看’，考虑车子、房子、儿子、票子，没有崇高理想，这是个值得重视的问题，要解决。同时，要抓组织纪律性。组织纪律性在全党是个问题，对军队更重要！就是要革这些。”

史进前十分震撼。黄克诚蒙冤十八载，好不容易复出工作，却是已届年老，眼睛也失明了一只，他没有一句抱怨，也不提一个字的要求，一开口就是军队工作！听他这一番话，他是一刻也没停止过对军队工作的思考，如若没有对党的绝对信仰，没有对革命初心的坚守，又怎么能够做得到?！他眼睛虽然只有微弱视力了，可他的心比谁都明亮！有黄老这样的老领导出来做军委顾问太好了！

史进前感动地说：“黄老，您说得对。军队真是太需要您这样的老干部了。您现在是军委顾问，身边没有工作人员不行。军委考虑给您配备秘书等工作人员。您看看需要什么样的人到您身边来工作?”

黄克诚略一沉吟，道：“你若是征求我的意见，那我就要丛树品来。”

史进前吃惊得站了起来，急道：“丛树品?以前您住在大水车胡同4号院时的管理员丛树品?使不得使不得!黄老，另提个人吧，除了他您要谁都行。”

大水车胡同4号院，是1956年军委搬到旃坛寺办公后黄克诚家的住处。黄克诚在这里住到1965年外放山西之前。他离开后，此住处就腾退了。1963年，丛树品以“管理员”身份住进黄家，任务是随时将黄克诚的情况向审查组汇报。为了更好地“照顾”黄克诚，亲近他，了解他的内心世界，丛树品服从组织安排，学会了下围棋，以“满足”黄克诚的业余爱好。因为黄克诚特别喜爱下围棋，可以说围棋是他一生中唯一的、乐此不疲的业余爱好。

“别人我不要，我就要他。”黄克诚的话里透出一份坚定。

史进前急得又一屁股坐下来，申辩道：“黄老，他以前可是我们派到您身边去的，尽管他没有提供给专案组什么有价值的情况，但后来他不愿意跟您去山西这是事实吧？现在到您身边，他自己怕也不好意思哩。”

黄克诚轻松地笑着说：“没关系，只要你们和干部部同意，工作我去做。他这个人的品格不错，能实事求是，不是势利小人。我想用他，还有一个原因，他对我也了解。”

“那也不行啊！说实在话那时候派他去您身边，说是照顾您，实际上是监管您！他再回到您身边，如何攀扯得清！”史进前说。

“呃，你这样想是不对的。”黄克诚摆摆手，温和地说道：“那时你这样安排是组织行为，我可是‘反党分子’，你派人监管我，是对党的忠诚么！丛树品也一样。他执行对我的监管任务，尽职尽责。至于他没有向专案组提供有用的材料，而且没有编造事实迎合专案组，正说明他为人正直，实事求是。”

史进前早就知道黄克诚是个政治品德与人生修

为甚高的人，但无论如何也没想到他会如此心宽似海，如此不计前嫌地看待这个问题。史进前被深深地折服了，遂郑重应诺道："好，黄老，既然您如此爱重丛树品，那就丛树品。他若不愿意，我们再换人。"

"不是我爱重他，是信任他。"黄克诚摆摆手，淡淡地纠正了史进前的用词。在他看来，爱重是带有私心的，而信任是无私的。再说，他眼睛看不见，和丛树品彼此信任，这样工作起来会顺利些。他年纪大了，必须抓住一分一秒时间为党工作，不能再把精力分散到与工作人员的磨合事情上。

黄克诚自从在太原和丛树品分别后，有十二年没见了，也不知丛树品现在生活工作如何。他让唐棣华和黄楠去做一下丛树品的思想工作，并要求无论如何要说服丛树品。唐棣华觉得他的想法是对的，便欣然从命，和黄楠来到丛树品家。

丛树品好生震惊。他已经从报纸上看到黄克诚复出的消息，心中为黄老一家苦难到头了而高兴，正准备哪天去看望黄老，没想到唐大姐竟亲自登门来了。

唐棣华直言不讳地说："树品，黄老想要你去他身边工作，给他当秘书。"

从树品毫无思想准备，迟疑地问道："我?！黄老要我去给他当秘书?"

唐棣华点点头："你。黄老谁都不要，就要你！"

从树品的心中为之一颤，只觉得一股暖流涌上心间，脑海里放电影一样回想起与黄克诚在一起时的情景。

从树品住进黄家后，生活基本上是规律的。每天清晨，从树品跟随黄克诚出门散步，下午便陪他下围棋。下棋时，从树品便旁敲侧击地打探黄克诚对目前的处境有何感想，企图从他的言语间发现一些"有用"的材料，发现他"反党"的证据。但黄克诚从不言及自己蒙冤之事，以"无可奉告"为由一笑而过。他不发牢骚、不讲怪话，生活依然俭朴、严谨，心中想着的也是人民群众。久而久之，从树品不仅没有发现什么"情况"，反而渐渐地被黄克诚的胸襟与品德所感动、折服，觉得他可敬可亲，和他相处越来越融洽，学下棋的劲头也更足了。

最让丛树品感动的是，黄克诚虽然身处罢官候审的境遇，心里牵挂着的却是人民群众的疾苦与国家的发展进步。有些事情，至今回想起来历历在目：

平日里，要是下雨了，黄克诚就拿个脸盆放在院子里接雨水，说这样可以测量出雨量，可以推算出农民的收成如何；雨停了他就往郊外农田里去，与农民交流怎么样才能让庄稼最大程度地获得丰收。

黄克诚自掏腰包订了《人民日报》和《解放军报》，每天看报纸，靠报纸了解国内外动态、时事民情，把握时代脉搏，努力不使自己成为被社会抛弃之人。他爱从报纸缝里找问题，计算国民生产总值，为国家工农业的增产减产而高兴或忧虑。报纸从来不公布工农业生产情况，但他基本上都知道每年工农业生产的大概数字，知道增长百分比。看到那些黄克诚从报纸缝里分析出来的国民生产总值数据，且与国家公布的数据总是八九不离十，让丛树品内心里翻江倒海，十分震动。他颇为心酸地说：“黄老，您都罢官了，不让您工作了，还这么关心国家生产建设干什么呀？这些数据得多用心用力才能算出来啊！”可黄克诚十分淡然地回答说：“不关心不行啊！以前国民党攻击我们共产党只会打江山，不会坐江山。现在我们的江山坐稳喽，生产越搞越好，这就粉碎了他们对我们的污蔑和攻击。”那语气好像关心国家大事就是他的家常便饭，不足为奇。罢官最初黄克诚也苦闷过，但很快他就解脱了出来。他写过一首诗：“少无雄心老何求，摘掉纱帽更自由。蛰居矮屋看世界，漫步小园度白头。书报诗棋能消遣，吃喝穿住不发愁。但愿天公勿作恶，五湖四海庆丰收。”对于摘掉乌纱帽一事，他不再纠结，他的心一刻也没有放下国家和人民，蛰居矮屋，却时时在为民祈祷丰年，实和范仲淹“先天下之忧而忧”是一脉相承。

1963 年，陈祖德战胜了日本杉内雅男九段，成为第一个在中国击败日本九段棋手的中国人，打破了“日本九段不可战胜”的神话，黄克诚非常高兴，认为陈祖德赢的不是围棋，赢的是国家荣誉。

1964 年 10 月 16 日，中国第一颗原子弹爆炸成功。黄克诚看到登载在《解放军报》上的这个消息后，疯了一样地手舞足蹈，在院子里大声叫喊丛树品等人："喂，小丛，王秀全（警卫员），中国第一颗原子弹爆炸成功了！中国有原子弹了！中国有原子弹了！"见到丛树品和王秀全从各自的房间跑出来，黄克诚摘下眼镜，揩拭着喜悦的泪水，拍着报纸说："你们快看看，我们国家有了自己的原子弹了！原子弹哦！"吃饭的时候，黄克诚特地和丛树品喝了点酒，为中国第一颗原子弹成功爆炸干杯。那天丛树品才从黄克诚口中知道，发展原子弹事业一直是彭老总和毛泽东的主张。1958 年国家成立原子弹靶场建设委员会，黄克诚是主任。为了选择核试验基地地址，彭老总、聂帅和黄克诚可没少花脑筋，陈士榘率队在西北大沙漠里的风沙中愣是转了几个月……丛树品十分震惊地看着黄克诚。因为那时搞原子弹实验基地的事是秘密的，他作为一个普通的军队干部并不知情，猛然知道黄克诚也曾参与其中，且担任那么重要的角色，不由得对黄克诚打心眼儿里更加肃然起敬，毕恭毕敬地端着酒杯，说："黄老，这杯酒，我敬您和彭老总！”黄克诚却道：“哎，敬彭老总和所有为原子弹事业作出贡献的人们！回想起那几年，我从内心里高兴与骄傲啊！那些年，我国不但自制先进的常规武器，自制飞机、舰艇，而且设立了国防科研系统，开始研制国际上先进的尖端武器。军委建立国防科委，由聂帅负责领导国防科委的工作。我国有许多热爱祖国的、高水平的科学技术专家，为了建设新中国，不少人抛弃了国外良好的条件和优厚待遇回国来，甘愿在祖国困难的条件下，从事国防科研工作，像钱学森、钱三强、邓稼先。原子弹靶场地址选定时，我本来准备到戈壁大漠深处去一趟，去看望为试验场选址历尽艰辛的干部战士和工程技术人员，但没想到的是，炮击金门战斗打响，后来又是下去调研，紧接着庐山会议召开，我这个计划最终化为了泡影……”黄克诚第一次在丛树品面前滔滔不绝地说话。丛树品听得动容，仰脖喝干了酒，忽然热泪滚落。他想不通，像彭老总和黄老，个个功绩赫赫，怎么会反党？莫非是自己觉悟低理解不了？他多么希望有一天像黄克诚和彭老总一样的老干部们能再度复出，为国家做更多的事啊！黄克诚仿佛看穿了丛树品的心思，苦笑了一声，有点落寞地说："只要国家好，我个人怎样都无所谓！功勋是一回事，犯错是另一回事。官越大的人犯错误的影响越大，所以要打倒、批臭，要彻底肃清影响。这是对的。我想彭老总此刻也在把酒独酌吧，庆祝自己富国强军的梦想又往前进了一步……你若有机会见到彭老总，一定代我问声好！"

丛树品和黄克诚相处的时间越长，就越觉得他不可能是个"反党分子"，因此始终没有提供给专案组需要的有关黄克诚的"有用"材料，为此还多次挨了批评。1965 年 3 月，美国发动侵越战争，严重地威胁到中国的安全。4 月 12 日，中共中央发出《关于加强战备工作的指示》，号召全党、全军和全国人民保持高度警惕，做好应付最严重局面的一切准备。在北京一些犯"错误"的高级干部已经开始分配到外地去了。随着形势的发展，毛泽东觉得，彭德怀、黄克诚、习仲勋等人不宜留在首都北京，应尽快地分配他们到外地去。9月，黄克诚得到了去山西任职副省长的通知。黄克诚沉浸在又有了工作的喜悦当中，根本不在乎这个任职相对于原来的职务是降低了的，还希望丛树品能跟着自己去山西。但丛树品拒绝了。丛树品在家里是独生子，父母年龄大了，需要照顾，孩子又小，实在离不开。最主要的，他不想脱军装离开部队。黄克诚虽然有些失望，但没有为难他。丛树品送黄克诚到山西，返回时黄克诚还对他说："小丛，你的心很正直很纯净。以后在别的工作岗位上，一定也要保持这种品质，趁着年轻，抓住一切机会为国家为人民多做实事。"丛树品见黄克诚对他毫无责怨之心，更加感动，依依不舍地说："黄老放心，我一定不会给您丢脸！我不知道我离开您身边后会不会后悔，但我希望我走后，您一定要多多保重身体，工作不要太劳累了。您说过，身体是革命的本钱。您年纪大了，更要保存本钱啊。"丛树品那时似乎已全然忘记了自己身为管理员的身份，把黄克诚完完全全当成了一个受了冤屈的革命老前辈。那一别，他们再也没有相见过。

“当年黄老要我跟他去山西，我没去，黄老没再问过我，我还以为他对我有意见哩，哪里想到他复出了还会垂青于我！唐大姐，请您转告黄老，我为能再次到他身边工作感到光荣！”丛树品热诚地表态道。

唐棣华本以为要费很多口舌才能做通丛树品的思想工作，没料到他竟如此爽快，心里头一块石头落了地。她告诉丛树品，黄克诚现在眼睛快看不见了，马上要住院做白内障摘除手术。军委要给他落实房子，丛树品可以先帮着办理房子的事，以便黄克诚一出院就可以住进去。黄克诚对房子没有特殊要求，就是他眼睛不好，上下楼不方便，住平房或是一层就好。

丛树品立即跟着唐棣华和黄楠来到黄克诚的住处，向黄克诚报到。他拥抱着黄克诚，喊了一声“黄老”，热泪盈眶，再也说不出话来。

黄克诚也激动得哽咽着，许久说不出话来。过了好一阵，他才颤抖着说：“树品，什么也不用说了，谢谢你肯回到我身边工作，来了就好，来了就好……”

唐棣华和黄楠在一边看着，含泪笑着。她们知道，如果没有深厚的信任，光是念及往日旧情，黄克诚是绝对不会有让丛树品当秘书这一举动的，丛树品也不会二话不说回到他的身边。是人格的魅力，是无私的品德，是博大的心胸才有这至真至性的一幕啊！

第二天，黄克诚愉快地住进了 301 总医院。也许是复出带来了工作的快感，也许是丛树品和王秀全重新回到身边工作的喜悦，他这次住在医院一点也不像个病人，反而精神头十足，一刻也没有停止工作，不停地让人给他念报纸，手术前有时候还自己拿起放大镜凑到桌面上审阅着各种文件，手拿毛笔，时不时地在文件上做着批写说明。他心里想，他得抓紧时间多看些东西，这手术万一失败了，他就全瞎了，没办法再看东西了。

军委给落实房子的事丛树品很快办理好了。考虑到黄克诚眼睛不好，上下楼不方便，安排他住到南池子的一处平房小院里。房子是 1949 年建的，面积还可以，就是太旧了。“文化大革命”前在总参任作战部部长的王扶之住过，那时就很旧，后来一直没有维修过，不仅漏风，还漏雨。以黄克诚现在的身份，是不应该住在这样的旧房子的，不好好整修一下真是说不过去。丛树品打算抓紧时间整修一下，等黄克诚出院就搬进去住。

黄克诚一听要整修房子，立即阻止道：“我看就不必整修了，能凑合住就行。现在复出工作的干部很多，落实房子的事情也很多，不要麻烦了。我这几天就可以做手术，做完手术就可以出院，你们赶紧搬家就是。”

丛树品无奈地应诺道：“那好吧。”

黄克诚满意地点点头：“这就对了。”

“黄老，您的职级待遇问题还没有恢复，房子搬好后，我给打个报告吧！”丛树品又说起另一件事情。

“不不不！千万不要打报告！”黄克诚急忙摆了摆手，口气决绝地说：“对于我来说，能让我工作我就求之不得了！职级不职级的，都不重要！”

丛树品提醒道：“可别人都在忙这个事。”

1978年，黄克诚任中央军委顾问期间，在解放军总医院住院时夜间审批文件。

黄克诚的脸色立即严肃起来，可想了想，又平缓了些。他朝丛树品望去，温和耐心地告诫着：“不要和别人比待遇。树品啊，我这个人你应该是了解的。你以后在我身边，做工作就行了，其他问题都不要为我操心。”他又把脸转向陪在身边的唐棣华，同样温和地说：“还有，棣华，你也不要去和别人比什么。我们家该怎么过还怎么过。”

“我明白。你好生安养好，等做手术就是。”唐棣华郑重其事地应道。作为妻子，她太了解黄克诚了。什么房子整修，什么职级待遇，在他眼里，都不如有工作做要紧。本来她是希望解决这些问题，好有个真正安享晚年的环境，可看到他一谈起工作就满脸光彩的样子，她觉得房子与职级什么的也真是无所谓了。丛树品深深感动了，黄老还是那个黄老，他不伸手向党要待遇，他不贪图安逸享受，他仍然是那个具有艰苦朴素思想品格、把个人利益置之度外，一心一意为党和国家事业考虑的伟大而高尚的共产党人。

在等待手术的那些天里，前来医院探访黄克诚的人像走马灯似的络绎不绝。这其中，以军队里的故旧为多。

黄克诚很乐意接见他们。他想听听当前军队存在的问题，以便提出一些建设性的意见。

总政治部副主任兼干部部部长朱云谦前来向他汇报军队干部队伍建设情况，反映现在军队面临着思想政治工作等方方面面的问题。朱云谦抱怨说，军队现在一方面“左”的思想还很大，另一方面干部队伍建设存在诸多问题，如有些干部组织纪律松弛，讲怪话；有些干部伸手要待遇，要官，追求名利；有些干部调不动，派不进；有的则搞“一言堂”“家长制”。总之，问题很多，军队工作很不好开展。

黄克诚仔细地听着，脸上的表情严峻起来。“向权看”问题，他已经跟史进前谈过，待朱云谦汇报完，他又重复了自己的看法。至于部队的政治工作，他思考得也很深，并把自己的思考总结为要注意五个问题，就是革命性、原则性、战斗性、组织纪律性和开展批评与自我批评。

“解决这五个问题，就要恢复与发扬政治工作的优良传统，强调‘全心全意为人民服务’，要有一切以大局为重的思想。军队建设，干部问题是非常重要的问题。干部问题搞好了，其他问题就好办了。干部队伍建设用什么人，怎么用，关系着部队的整个建设。所以，干部部门的责任很重。要选那些忠于党、忠于人民、忠于党的事业、顾全大局的人做干部工作。”黄克诚深思熟虑地说。紧接着，他还提出了干部队伍建设的六条意见，其中包括干部任免权要集中，师长、政委的任免权集中到总部；干部要实行任职期限和轮换制，制订相关条例；要选拔正派的人当干部部长等。他还对改革后勤、供应体制，保障和改善后勤供应问题提出了意见。

朱云谦如获至宝，他边听边记，满载而归。

黄克诚却意犹未尽似的，对连日来军队干部反映的情况又进行了一番深入思考与梳理。想法成熟后，他让丛树品给总政治部打电话，又专门就部队要恢复和发扬政治工作优良传统问题提出了多条建议。

胡耀邦三顾黄宅

党的十一届三中全会召开后，黄克诚出任中央纪委常务书记。围绕他出任这一职务的前后，有一段鲜为人知的故事。胡耀邦三顾南池子请他，他都没有答应，并去向陈云正式请辞职务，结果却被陈云劝服。作者通过查阅黄克诚秘书等人的回忆和采访材料，还原了这一过程。

1977 年 11 月 25 日，黄克诚被任命为中央军委顾问。经历了 18 年的磨难后，黄克诚在军队又有了职务。随后，黄克诚的家搬到了南池子一个老旧的四合院。

黄克诚这时身体状况已经很差，而且他的一只眼睛已经失明，另一只也只能看到一点微光，日常看报纸处理文件全靠秘书念给他听。党中央和中央军委对他这个顾问没有提出具体的工作任务。但18年失去工作机会的黄克诚很珍视中央的这个安排，立即对军队工作“顾问”起来。经过一番深入思考与梳理，他就军队建设问题提出了多条建议，希望军队能尽快从浩劫中恢复过来，从自身抓起，引领社会新的正气。

就在黄克诚专注于“顾问”之际，胡耀邦来到南池子拜访他。胡耀邦当时是中组部部长，他登门一定是有关工作的事。

胡耀邦是代表中共中央政治局常委会来给黄克诚通气的。现在党风问题严重，中央在研究一批老同志的工作安排问题时，考虑到黄克诚对党忠诚、刚正廉洁、铁面无私的品格，认为他在中央纪委任职最适合，决定让他担任中央纪委常务书记。请他做好到中央纪委工作的思想准备。

黄克诚深感意外。现在军队的问题也很多，

但他对军队熟悉，还真能“顾问”些事情，能做一些有用的工作。抓党风是一件头等大事，自己身体状况欠佳，任中央纪委常务书记，怕占了位置做不了事。他果断地拒绝了，建议让年轻些的同志干。

胡耀邦倒是安慰他不要急着回答，先考虑考虑。有什么要求尽可以提出来，有啥顾虑他也会如实向常委会反映，想办法解决。

几天后，胡耀邦第二次登门，请黄克诚答复中央。他谈起了最近老干部平反的情况。平反工作主要靠中央纪委来抓，所以当务之急是要恢复中央纪委，组建中央纪委领导班子已迫在眉睫。

黄克诚再次推拒，理由还是强调身体状况。

胡耀邦已经考虑到黄克诚的身体状况，提出解决他后顾之忧的办法：他可以不用去办公室，不坐班，再给他配一两个秘书，一两个不行三个，负责协助处理事务性工作和文件。

黄克诚一听更是直摇头。常务常务，就是要常常管理事务。不去办公室怎么主持工作？配那么多秘书，不就是工作不方便引起的吗？

胡耀邦又一次无功而返。

很快，胡耀邦第三次登门，请黄克诚就出任中央纪委常务书记一事下决心。

黄克诚颇为感动。现在是组织部门最忙碌的时期，胡耀邦身为中央组织部部长，竟为自己的任职问题连续三次登门，何等重视自己！他思来想去，觉得还是不能答应，便再一次拒绝了胡耀邦，恳切建议多起用年轻人，认为这样更有利于党的事业。

胡耀邦没有灰心，临走前，又请黄克诚不要犹豫，尽早回复中央。

黄克诚决定去向陈云请辞职务。中央明确陈云担任中央纪委书记，让他协助陈云工作。

陈云坚决不同意黄克诚请辞。黄克诚便自嘲道：我现在上看不见天，下看不见地，中间看不见人。一个瞎子怎么工作？

陈云拉着黄克诚坐下，谈起了中央工作。党风关乎我们党的生死存亡，党和国家在如此重要的历史转折关头，我们这些老同志有责任出来挑重担。中央纪委最重要的工作就是抓党风，现在党风这个样子，我们能安心待在家里，安度余年吗？

陈云的劝告彻底打消了黄克诚请辞的念头！

黄克诚抓过拐杖用力戳着站起身，毅然决然表示，他服从组织决定！他要和陈云一起再拼一下，“把这把老骨头拼碎了也无妨！”

来找陈云前黄克诚是打定主意了的，无论陈云如何劝说，他也要不为所动，可结果还是被党风问题撼动了心志。党风关系到党的生死存亡，在这历史的转折关头，他没办法当一个旁观者，他要当一个参与者、领导者！

1978 年 12 月 18 日至 22 日，党的十一届三中全会隆重召开。在这次全会上，黄克诚被增补为中央委员。会议选举产生了由 100 人组成的中央纪律检查委员会，陈云为第一书记，邓颖超为第二书记，胡耀邦为第三书记，黄克诚为常务书记。

会议结束的第二天，黄克诚走马上任。虽然中央规定他可以不去办公室，可他单位家里两头办公，抓党风，为健全党的纪律检查系统、加强纪检队伍建设忙得不亦乐乎，做了大量工作。

1979年1月4日至22日，黄克诚（右一）出席中央纪律检查委员会第一次全体会议。右二为陈云，右三为王鹤寿。

抓党风正人先正己

1978年12月18日至22日，中国共产党第十一届三中全会在北京隆重召开。在这次具有伟大转折意义的会议上，中央纪律检查委员会恢复重建。全会选举陈云为中央纪委第一书记，邓颖超为第二书记，胡耀邦为第三书记，黄克诚为常务书记，王鹤寿等同志为副书记。

黄克诚出席了这次注定要铭刻在中国共产党历史里程碑上的会议并当选为中央纪委常务书记。在罢官受审近二十年后，他再一次回到政治舞台，回到公众视野。

“纪检干部要像保健护士”

走马上任之际，黄克诚请示中央纪委第一书记陈云：纪律检查委员会主要抓什么？陈云明确回答：“抓党风。”黄克诚对此非常赞同，认为“党风搞好了，党就有希望”。

1979 年 1 月 4 日，中央纪委第一次全会在北京召开。

陈云以中央纪委第一书记的身份主持会议并发表了重要讲话。陈云指出：党的中央纪律检查委员会的基本任务，就是要维护党规党法，整顿党风。

邓颖超、胡耀邦、黄克诚分别在会上讲话。

黄克诚说：“我赞成陈云同志的意见，中央纪律检查委员会要抓党风，要从思想上、组织上、作风上转变党风。党风搞好了，党就有希望。”

黄克诚就纪委怎么开展工作告诫纪检干部，说：“机构一建立，工作就来了，有不少案子要办。”“办案子是同败坏党风的人、组织和现象作斗争。这种斗争，不是靠发个文件一下子就能够解决的，斗争还是很严峻的。过去毛主席要求我们有五不怕精神，不怕杀头，不怕坐牢，不怕开除党籍，不怕撤职，不怕离婚，我们有许多同志已经经过了考验，不会成问题了。现在我说，还要加上两个‘不怕’，不怕撕破脸皮，不怕打黑枪。如果怕撕破脸皮，怕打黑枪，就干不好纪律检查工作。加起来一共要‘七不怕’！”

1980年1月25日，中央纪委召开第二次全体会议。这次会议在确定当年纪检工作中心任务的同时，进一步重申了纪委的任务、性质和工作范围。黄克诚在会上作了长篇讲话。他要求每个委员，每个工作人员，要起模范作用：“我们做党的纪律检查工作的同志，要严于律己，对于党的纪律和党规党法以及国家的各项法律，都要模范遵守，以身作则。凡是不准群众做的，首先自己不做，凡是要群众执行的，首先自己要执行，一点一滴要注意到。纪检干部要像保健护士，自己要身体健康，不能自己带着病、带着很多细菌来做保健工作！”

黄克诚一向清正廉洁，在抓党风问题上，更是强调正人先正己。这个正己，包括对自己、对家属、对身边工作人员、对部下，就是要保证自己“健康”，能够真正起到表率作用。

“是一套房子重要，还是抓党风重要？”

中央纪委成立后，很快颁布了一系列党规党法。其中《关于高级干部生活待遇的若干规定》（以下简称《规定》）是针对党内一些干部利用职权，谋求私利，贪污腐败，生活特殊，使党的威信受到损害的现象而制定的具体规定，共十项，意在敲响警钟，领导干部不能搞特殊化。

《规定》颁布之日，黄克诚就对妻子唐棣华说：“中央纪委规定，各级领导干部只能享受一套由公家提供的住房。有了规定，我们总要带头按规定办。现在公家给我安排了住房，你单位以前分给你的宿舍就要归还给单位。”

唐棣华问：“你是说干面胡同的那套单元房？”

黄克诚被罢官后，唐棣华也跟着挨批判。她精神上受了刺激，有一阵患了严重的抑郁症。适逢单位分房，按她的级别在干面胡同分给她一套三居室的单元房，她就和黄晴、母亲等人搬到了干面胡同住，只在周末回大水车胡同 4 号院。1965 年黄克诚外放山西后，大水车胡同 4 号院就腾退了，唐棣华率全家人都挤住在这套单元房，人均使用面积不足 10 平方米。这套住房虽小，却为唐棣华和子女们遮风避雨，使他们度过了最难忘的岁月，现在要归还从情感上真有些舍不得。

黄克诚反问道："难道你还有别的房子？"

"不是。"唐棣华连忙坦诚地说，"我是对这套住房太有感情了。老实说我有些舍不得。"

"舍不得也要舍！你也是一位抗战时期就参加了工作的老干部，既然中央纪委有了规定，不管别人执行得如何，黄克诚家要带头。是一套房子重要，还是抓党风重要？"黄克诚说。

唐棣华连忙说："我明白了，我明天就去办交房手续！"

黄克诚知道妻子对那套宿舍充满了感情与回忆，但正人先正己的话，不能只挂在嘴上。他强调说："谢谢你理解我，支持我。你是黄克诚的妻子，从严治党，治家是其中的一部分。高级干部必须从严治家。抓党风是要落到实处的。对于我们来说，这个实处就是生活上不要和人比，艰苦朴素的作风不能丢。还有，不管怎样，我们不能有子女经商。"

"一定要查！我的部下那更要查！"

黄克诚抓党风铁面无私。

1980年1月，主持总参工作的杨勇，为欢送调离总参的李达、张才千，同时欢迎调来总参工作的张震，在京西宾馆请他们吃饭，这顿饭共花去400元，结账时，杨勇以总参的名义开了一张400元的发票。几天后，这件事被举报到中央纪委。黄克诚听完信的内容，恼火地说："这种做法是违反《规定》的，这件事要查一下！"秘书小心地提醒他，现在公款吃喝比较普遍，光查这事不妥。再说杨勇、张震都是他的老部下。

黄克诚态度十分坚决："一顿饭吃掉400元，一个农民一年能挣几个钱！我们吃的、喝的，都是农民辛辛苦苦生产创造出来的。一定要查！我的部下那更要查！要查，涉及天王老子都要查，不仅要查，还要处理。谁出主意谁出钱！其他公款吃喝的，发现一个也查处一个。"

杨勇认为这是小题大做，也根本不相信黄克诚会查自己一顿饭钱的事。早在1931年，黄克诚担任红三军团第四师政治部主任并代理师政治委员时，杨勇就是他的部下，也是黄克诚的军中爱将。在长期的革命斗争中，他们共同浴血奋战，结下深厚的战斗情谊。"文化大革命"中，他们被关押在同一所监房，常常一起被拉上台陪斗彭德怀。这样的战友之情，怎么会敌不过一顿400元钱的饭局？不少人也前来为杨勇说情，张震等参与饭局的人也请求共同承担责任，饭钱我们大家来分担，小事情低调处理一下算了。

黄克诚思考得却很深刻。党内所出现的不正之风，与许多领导干部不能以身作则有直接关系，这是人民群众最不满意的地方。只有党的高级干部廉洁自律，才能形成良好的党风。抓党风无小事，件件都是关系到党风问题的大事。听说杨勇牢骚满腹，他给杨勇打电话，批评道：“杨勇，你官当大了，老虎屁股摸不得了！”

杨勇一听，明白黄克诚是认真的，放下电话就赶到黄克诚那里承认错误：“公款吃饭的事我错了，我作检讨！您也不用查了，是我出的主意。这顿饭钱我自己出。”

“杨勇啊，你不要以为交上这个钱就心安理得了。请总参几位领导吃顿饭说起来事情不算大，但中央有规定，发了文件，领导就要带头执行。这不是400元钱的小事！是党的高级干部工作、生活作风的大事！高级干部不带头，刚制定的《规定》不成了放空炮？党风何时能好转?！在端正党风问题上，越是高级干部，越是老部下，才越要严格要求，不然怎么服众？”黄克诚语重心长。

杨勇深感震撼，也彻底意识到这不是400元钱的问题，满脸羞愧："黄老，您什么也别说了，我这就办！我想好了，我作完检讨，再让总参纪委将这件事发个通报，要各级干部引以为戒，您看行么？"

黄克诚满意地笑了。

第二天，杨勇从自己的工资中拿出400元补上饭钱，并作了检讨，在总参将这件事发了通报，了结了此事。这件事使刚调总参工作的何其宗触动很深，此后在总参工作从未用公款请过客。

"在抓党风问题上要有赤子胸怀，更要有铁石心肠。"

"两案"审理领导小组成立之前，中央纪委根据党的十一届三中全会精神，已临时设立了第二办公室，对外称"中央纪委二办"，专门承接新中国成立以来所有历史事件的清查和审理工作，包括审理"两案"工作。"两案"审理领导小组成立后，"中央纪委二办"就成为领导小组的下设"两案"审理办公室，对外仍称"中央纪委二办"，曹广化担任第一主任。

眼看春节就要到了，有同志提议，“二办”有许多从军队抽调来的同志，应该按军队的习惯搞个会餐。曹广化同意会餐，让下面筹办一下。

黄克诚听说后，坚持叫曹广化来，板着脸问：“会餐花的是公家的钱吧？”

曹广化立即明白了是怎么回事，道：“黄老，这个事是我考虑欠周到，当时只想到大家辛苦工作了这么长时间，会个餐没什么大不了的，没有上升到事关党风党纪的高度看问题……”

黄克诚见曹广化不仅没有狡辩，而是主动检讨，心里大悦，面上的表情缓和了：“广化啊，我们中央纪委天天说要抓党风，自己却用公款大吃大喝，这怎么带头抓党风？你是中央纪委常委，二办主任，又分管机关事务，不请示，不讨论，自己做这个主，是错误的。党风好转是一件一件小事体现出来的，不是喊出来的。”

曹广化连忙应道：“黄老，您说得对，我这就回去写检讨，在全机关作检讨！”

曹广化是认真的。黄克诚所经历的坎坷，比很多人要多要重，可他从不计较个人得失，一切从国家大局着想，襟怀坦荡，这样的品格，又有几人能和他比？他突然理解了当初中央为什么坚持让一个眼睛都看不见的老人出任中央纪委常务书记之职了，黄克诚这样的品格风范，就是共产党人的一个标杆、一个榜样啊！中央看中了“黄克诚”这个名字的作用所在，看到了他的号召力、凝聚力！中央当初决定由黄克诚担任中央纪委常务书记是多么英明！

曹广化一返回办公室，立即取消了会餐计划，并就会餐之事作深刻检讨。

参与领导平反冤假错案工作，自己平反的事从来不提

中央纪委恢复成立后，平反冤假错案工作大刀阔斧地开展起来，黄克诚参与领导了这项工作。很多人平反了，他却似乎忘记了自己也是一个应该平反的对象。熟人部下曾不止一次地建议他给中央写

个报告要求平反，他却不以为然地说：“我的事不急，我现在有工作做就行了。我已经算是十分幸运了，能活着看到党和国家的历史揭开新的篇章。”

一天早上，两个纪检干部来向黄克诚汇报工作，发牢骚说：“平反工作我们干不下去了！”

原来，他们负责部队的平反工作，可部队那些老干部，个个都战功赫赫，说起这十几年的委屈，一个比一个气粗。有的领导干部拿到平反决定后不满意，就是不签字，讲条件，要待遇，提的要求他们很难办到。最让人头疼的是张平凯将军，他把平反文件都撕碎了，还冲他们发火说：“关了老子近20年，就这一张破纸想把老子打发了?!”生生地把他们给轰出来了。

黄克诚知道他们说的都是实情，也非常理解那些军队老干部。十几年，人生有几个十几年啊？况且那十几年是他们生命中的黄金岁月！他不能怪他们，只能让自己现在的部下们耐心点，设身处地地为他们想想。具体到张平凯，黄克诚说：“你们不知道呀，这张平凯将军身经百战，战争年代多次负伤，无怨无悔，五九年跟着彭老总蒙冤，这么多年下来，一纸平反文件确实不能抚平内心的伤痕，你们不要感到委屈。再耐心些吧。”

黄克诚让他们把平反文件再打印一份，然后亲手在文件上盖上印章，对纪检干部说：“你们再去找他。”

两个纪检干部返回到张平凯的家。张平凯又要张口骂人，但当他看到平反决定上有黄克诚的大印，马上说：“这不是黄老的狮子头印章么？好好，我签，我马上签！”关于黄克诚的狮子头印章的传闻，张平凯早在解放战争时期就听说了，是黄克诚专门下达紧急作战命令时盖章用的。

两个纪检干部觉得不可思议，谦和地问他还有什么意见要说。

“没意见，没意见！黄老都盖了大印，我有意见也不提了！”张平凯忙不迭声地说。见他们不解，慨叹道：“黄老的平反结论至今还未作出，他自己现在还戴着‘反党’帽子哩！我都平反了，我还有什么资格计较那点待遇？！”

像张平凯这种情况最终却又平静接受平反待遇的事情不在少数。有的老干部虽然平了反，但所提条件不能全都如愿，像张平凯当初一样想不通，就直接找黄克诚谈。黄克诚总是耐心地开导他们，亲切地询问他们的生活和健康情况。找他的老干部看到他长期蒙冤仍严格自律，胸襟豁达，便把原来准备要提的要求收了回去，高高兴兴地走了。

是黄克诚的无私与德望，让张平凯们从内心里感动与信服。“黄克诚”这个名字，在这个特殊的历史时期，具有独特的号召力、凝聚力。

“我去玉泉山，也得约法三章”

黄克诚复出后，因身体虚弱，且一只眼睛已失明，另一只眼睛的视力也是极其微弱，三天两头要住医院，很是辛苦。部下熟人们纷纷劝他去南方休养一段时间，他却担心劳师动众，坚决不去南方休养。他说：“我一出去，就要带一帮人陪护，那要花公家多少钱！还要给地方添很大麻烦，去不得，不能去！如果不是工作需要，去就是浪费。即使浪费掉一分钱，也愧对老百姓。”

黄克诚不愿意去南方休养的事情不知怎么反映到中央领导那里了。中央很重视黄克诚的健康，陈云等领导同志指示中办，要他就近到玉泉山去休养一段时间。

中办的电话再次打来时，黄克诚正因眼疾复发在住院。两个秘书苦口婆心地劝他去玉泉山：“您还是去吧，我跟您过去，办公室那边有事我们就两头跑一下。”

“玉泉山是中央首长住的，我还是在家里吧，方便工作。玉泉山住着，环境是好，可怎么着也没家里方便吧。”黄克诚不以为然。

“你这个老顽固，我就知道你不会去！”黄克诚的话音刚落，病房门口响起了陈云豪爽的声音。随后，陈云出现在门口。

黄克诚惊喜地叫道：“陈云同志?!”他想从椅子上站起来，陈云已走到他面前，握住他的手，不让他起身。

“黄老，我今天是专程来动员你去玉泉山的！你不也是中央首长吗？在那里既可休养，又可兼顾工作，一定要去！”陈云又是打趣又是强硬地说。

“你陈云同志都上门来命令我了，我只好服从喽！”黄克诚明白，陈云都亲自来说这个话了，说明中央真的很重视自己的健康，自己再固执就毫无道理了。他的嘴角咧了咧，又收起笑容，认真地道：“但我去玉泉山，也得约法三章。”

陈云愉快地说：“嗬！约法三章，你说说看哪三章。”

“一、只带一个秘书，不带家属和其他随员；二、家属除星期日以外，不要去看我；三、一切生活费用自理，不要公家补助。”黄克诚掰着手指头比划着说。

“好，都依你，但你必须尽快住到玉泉山去！这次出院后就去。你的健康对党的事业很重要，你要好好休养，养足精神好工作。还有很多事情需要你做哩！”陈云爽朗地应诺道。

陈云给黄克诚的题词“一代楷模”。

黄克诚乐哈哈地说："那就遵命了，明天我就出院去玉泉山！"

于是，黄克诚这才住进了玉泉山五号院，一边养病，一边工作。

黄克诚在中央纪委工作的7年中，以虚弱的身体，在迟暮之年，掮起一面抓党风肃纪律的大旗，将已近黄昏的生命，燃烧成灿烂辉煌的晚霞，映红岁月，映出一曲不辱使命、绝对忠诚的伟大人生华彩重章！

两条铁规树家风

领导干部的家事，往往含着政事。抓党风，落实到家里，就是要抓家风，抓家规。从严治家是从严治党的一部分，共和国大将黄克诚的家风，充分体现这个意义。

两条家规

1949 年 10 月下旬，黄克诚率领一批干部从天津南下湖南。此行，他是奉毛泽东之令赴湖南任省委书记的。随他南下的，还有他的夫人唐棣华和 1 岁的小儿子黄晴。途经武汉时，黄克诚会见了四野和华中局的领导人之后，与夫人唐棣华去岳母家接上了另外两个孩子——6 岁的大女儿黄楠和 5 岁的大儿子黄煦。1945 年，黄克诚从苏北进军东北时把他们寄放在岳母家里。见到黄楠、黄煦后，两个孩子又新奇又害羞地看着他们，还有些害怕似的躲着他们，不肯喊爸爸妈妈。也难怪，一晃就是 5 年了，孩子们不认识父母亲纯属正常。

那一刻，一向觉得为革命舍小家是值得的、把小家的聚散看得稀松平常的黄克诚也禁不住热泪盈眶。

现在好了，解放了，一家五口可以团聚了，可以有一个真正的家了。

一到湖南，黄克诚就对唐棣华说："棣华，今后孩子们就和我们生活在一起了，条件比过去好了，但一定要记住，我们是党的高级领导干部，高级干部的家风影响着党风政风。我们的一言一行对子女、对周围的人都会产生影响。从今天起我们家要订两条规矩：一、不准动用公家的汽车办私事；二、不准向公家伸手要照顾。"

唐棣华立即表示赞成。在她心里，这样的规矩其实早在她嫁给黄克诚的时候就定下了。那时候条件艰苦感受不到，但自从进了天津，她就自觉地远离他作为天津首任市委书记的权力。她既是黄克诚的妻子、家属，也是他的部属、同志，无论多么严格的家规家矩，她都会遵守！

黄克诚定家规，定下的是一种作风。他深知，现在和以前不一样了，以前是共产党打天下，没有条件讲享受，现在是共产党坐天下，拥有很大的权力，但权力特别容易滋生腐败。毛泽东把进北京执政当作“进京赶考”，就是要全党同志警惕腐败变质问题，任何拥有权力的人，特别是“一把手”，都应该做到克己自律、廉洁无私，只有这样，党的好作风才能发扬光大并传承下去。

一个黑面馒头

1949 年，正值湖南闹饥荒。湖南遭到严重水灾，很多农田颗粒无收，各地讨饭的很多。加上有些私商垄断粮食，囤积居奇，使得粮价飞涨，市场紊乱，人民生活困难，人心不稳。黄克诚 10 月 31 日抵达湖南长沙，第二天早上就上街“微服私访”了一番，满心忧虑。回到家，正好碰上大儿子黄煦争吃警卫员的黑面馒头、不肯吃米饭的事，他大为光火。

湖南当时有大量的南下部队，很多战士都是北方人，他们习惯于吃面食，而湖南人的主食是米饭，北方战士吃不惯。于是，后勤部门特地一周两次给北方战士配发黑面馒头作为主食。黄克诚的警卫员是北方人，每周两次按部队的规定吃馒头。谁知黄煦是第一次见到黑面馒头，甚是好奇，就一个劲儿地嚷着要吃馒头不吃米饭。警卫员忙将自己的馒头给了黄煦。

正在焦虑中的黄克诚一时没考虑到黄煦还是个孩子，劈头盖脸就是一顿训斥：“不准抢要战士的粮食吃！不要见到好的、自己想要的东西都想要到自己手里来！你去大街上看看，多少人没饭吃，在讨米要饭当乞丐！比起老百姓的生活，我们的生活已经非常非常好了，不能挑挑拣拣！我们也没有资格挑挑拣拣!”训斥完黄煦，黄克诚又告诫家人和身边的工作人员：“以后不许再有这样的事发生。像这种情况大家不能由着小孩子们的性子，不能让孩子们动别人的东西、要公家的东西，在这个事情上帮他们就是害他们!”

这件事，让黄煦和其他孩子以及工作人员很是长了记性。从此以后，在他们的心里，公是公，私是私，分得清清楚楚。

一件皮袄

转眼到了1950年。黄克诚忙于工作，回湖南一年多了，也没能抽时间回老家永兴下青村去看一看。这年初冬时节，哥哥黄时玑来到长沙看望黄克诚。黄克诚自20岁离开家，除了大革命失败以后回家乡潜伏时见过哥哥，20多年过去了，这是头一回见。哥哥家一贫如洗，又遇到连年灾荒，苦得很。这次来，一是想代表家里人、代表村里人来看看弟弟，二是想求当了大官的弟弟给他搞一件皮袄御寒。黄时玑身子骨太弱了，衰老得厉害，觉得冬天越来越冷。冬天坐在火炉边，他穿着棉衣服也总好像透着风似的，心里盼着要是有件皮袄就好了。

黄克诚一口就答应了下来。在他心目中，哥哥是普通老百姓的缩影。想起革命年代里哥哥一家为他所担的风险、给予他的帮助，别说向他要一件皮袄，就是向他要十件百件皮袄也是应该的。但买皮袄是要花钱的，而且一般人买不到。那时，皮袄在湖南属紧俏商品，指标极少，不过以黄克诚的权力，批件皮袄给哥哥不在话下，可黄克诚绝不会批这个条。他给时任察哈尔军区司令员的王平写信，请他帮忙买件皮袄，哪怕旧的也行。王平驻地在张家口，那地方买皮袄应该方便些，也会便宜一些。皮袄买到了，黄克诚如数付了钱。

说实在的，黄克诚就那么点津贴，平日里帮这个，帮那个，现在帮哥哥买了皮袄后，津贴就所剩无几了。黄克诚对别人大方，可自己花钱却是有名的“抠门佬”。唐棣华记得他的一件毛衣都穿了十几年了，她认识他时他就穿着它，那时候还在苏北抗日。可黄克诚却并不在意，反而认为自己平时节俭是有道理有意义的，要不然哪帮得上别人，又怎么买得起皮袄？

一瓶可可粉

1955 年中秋前夕，唐棣华想带孩子们去逛一下王府井百货大楼，试着叫黄克诚一起去。理由是：王府井百货大楼是新中国第一家百货大楼，开业有些日子了，单位发给她一张参观券，凭券有人接待，还可以买到优惠的商品，再不去就作废了。还有，到北京几年了，一家人还从来没有一起出去逛过街。没想到黄克诚爽快地答应了。但他强调说："我们自己看看就行，千万别惊动百货大楼的工作人员。"这个时候的黄克诚，担任着中央军委秘书长、国防部副部长之职，又刚刚被授予大将军衔，可谓位高权重，但他依然行事低调，作风简朴，不愿因自己前往而麻烦百货大楼的人。

百货大楼里人头攒动。黄克诚不时地在柜台前驻足，询问商品价格。他问售货员粮食是否供应充足、什么商品紧俏等。售货员告诉他："没听说有什么特别紧俏的。除了粮棉油是统购统销外，其他商品都比较充裕。自开业以来，营业情况良好，一般的商品都能买到。现在实行薪金制了，大家手里有了钱，想买什么都方便。"黄克诚满意地笑了："这样就好！这说明我们国家的'一五'计划成效不错，人民群众生活水平在提高！"唐棣华这才明白，黄克诚来百货大楼，不是来逛商场的，而是来搞调研的。

唐棣华逛着逛着，突然眼睛一亮。她看见了写有"可可粉"商标的商品。可可粉是一种热带植物的制品，是她参加革命以前最喜欢吃的东西，十几年没看到过没吃到过了。她立即说要买一瓶。

黄克诚问了一下价格，立即推开盒子，说："不买不买，这个太贵了！"

唐棣华说："这个东西平时真的很难看到的！我喜欢，也让孩子们尝尝鲜吧！"

此时，黄楠几兄妹也七嘴八舌地嚷着要吃可可粉。唐棣华眼巴巴地望着黄克诚，可黄克诚就是不松口，只得说："太贵了，我们听爸爸的话，不买了。"可黄梅摇着唐棣华的胳膊："我要吃可可粉!"黄梅是黄克诚最疼爱的小女儿，才5岁大，可黄克诚问她："黄梅，我们今天不吃可可粉，会不会饿死?"见黄梅摇头，黄克诚又说："那就是说，不吃也没关系对不对?知道吗，我们买一瓶可可粉的钱，在老百姓家里可以买好多斤粮食了!我们留着钱，说不定哪天能帮到别人，对不对?"黄梅似乎明白了，懂事地点了点头。

就这样，唐棣华愣是没能买上自己最爱吃的可可粉。不过，她不仅没有生气丈夫的"小气"，反而被他感动了。她没想到，自己最爱吃的可可粉黄克诚不让买，原来是因为他心里面装着老百姓。她觉得一个心里面时时刻刻装着老百姓的人，才是最可靠的男人。

一处旧房子

1977年，蒙冤18年的黄克诚复出，从山西回到北京，担任军委顾问。考虑到他眼睛不好，上下楼不方便，组织便安排他住到南池子的一处平房小院里。房子是 1949 年建的，面积还可以，就是太旧了。那时，黄克诚虽然已经复出，但他的职级待遇问题还没有恢复，管理人员申请了一笔维修房子的经费，准备将房子好好翻修一下。黄克诚一脸严肃地说："不行，不行！不要大修，简单一些，哪里透风漏雨，就修哪里。"又说："现在复出工作的干部很多，落实房子的事情也很多，不要麻烦了。不要和别人比待遇，我们家该怎么过还怎么过。对于我来说，能让我工作我就求之不得了！职级不职级的，都不重要！"工作人员拗不过他，只好按他的意见办，房子简单维修了一下就凑合着住进去了。

可是雨季一到，房子便多处漏水。漏水倒好办，再修补就是。可这房子大门低矮老旧，又紧临街面，噪声较大，隔壁还是一个武警消防站，遇到出警时，刺耳的火警警报声就"呜呜呜"地响。黄克诚已是个老人，身体不是很好，工作人员提议请管理部门调一个安静的地方。黄克诚说："不要提，别人搬到这里不同样吵吗？”

后勤管理部得知黄克诚不愿换房住，又不同意彻底整修，便准备将临街的墙和门楼加高一些。黄克诚听说要花一两万元，又拒绝了：“修那个东西干什么？现在这个铁门虽然旧点，可是蛮结实嘛！门就是用来出出进进的，要装那么好那么高干什么？像这种东西咱们宁肯将就点也不要乱花钱！”

管理部门只好将准备好的材料退回去。但黄克诚家里的暖气，是烧煤的，热量不足。冬天年轻人坐在屋里还冻得直跺脚，更何况一个年迈多病的老人？管理部门打算对暖气进行改装，换成由热力管道供暖。换热力管道需要花 3 万元，大家知道黄克诚不会同意，便想趁他不在家的时候更换管道。管道地面挖开一半，黄克诚回来了。他问管理部门，这个管道周围老百姓能否用得上？得知投资太大，老百姓目前用不起，黄克诚便死活不同意改造了。他用拐杖猛戳地面，说：“3 万元？！你们怎么能因为我这么大手大脚地花钱？现在我们国家还很穷，把钱用到更紧要的地方去！我这里能烧煤取暖已经不错了，赶快停工!”于是，挖开了的地面又用土填上了。

直到黄克诚去世，他所住的南池子房子也未大修。

一个茶杯

黄克诚长期患支气管炎，特别是晚年，一到冬天病情就加重，咳得浑身冒虚汗。担任中央纪委常务书记后，他的支气管炎又犯了。几个老部下建议他去南方休养一段时间，说南方气候好，也没有工作打扰，有利于支气管炎的治疗。

黄克诚却坚决不去外地休养。他说：“我一出去，就要带一帮人陪护，那要花公家多少钱！还要给地方添很大麻烦，去不得，不能去!”

中央领导同志很关心黄克诚的健康，得知他不愿意去南方休养，便指示中办让他到北京西郊玉泉山去休养一段时间。那里环境安静，条件好，工作上的事也可兼顾，可黄克诚说：“我的时间不多了，

黄克诚和夫人在玉泉山。

要抓紧为党做点工作，哪有闲暇疗养？我还是在家里吧，更方便工作。”陈云听说后，亲自动员他说：“在玉泉山既可休养，又可兼顾工作，一定要去！你的健康对党的事业很重要，还有很多事情需要你做哩！”黄克诚再也不好推托，便答应下来，但又说了一下条件：“我去玉泉山，也得约法三章：一、只带一个秘书，不带家属和其他随员；二、家属除星期日以外，不要去看我；三、一切生活费用自理，不要公家补助。”陈云同意了他的“条件”。

在玉泉山居住期间，黄克诚教育工作人员要严格遵守这里的规定，爱护这里的一草一木。一个星期日，唐棣华带着小孙子到玉泉山看他，小孙子不小心打坏了一个茶杯，他立即让工作人员买一个新的补上。工作人员说：“坏了再去领一个就行了，用不着自己买。”黄克诚严肃地说：“茶杯虽小，也是公物嘛！损坏东西要赔偿，这是我们军队历来的规矩，什么时候也不能违背。我是个老兵了，不能因为今天当了高级干部就不守规矩，搞特殊化。”工作人员认为首长批评得对，立即按他的要求，用他的生活费买了一个茶杯补上。

一辆婚车

1978年，黄克诚30岁的小儿子黄晴准备结婚，对象也是一个革命后代，家风家教都不错，人善良、正直。黄克诚很高兴，把操办婚事的事情交给唐棣华，说："我的原则是，儿子结婚是好事，但不宜大肆操办，一切从简，绝不能动用公车。我们要抓党风，首先要自己身子正，作风正，不能因为是高级干部的家属就想搞特殊。"黄晴正好听到这话，有些不高兴，负气地说："我又没说要用公车！再说了，就是用公车，我付油钱总可以吧？"为此，黄克诚把子女们全都召集回来，召开了一个家庭会议。他板着脸说："我们家比起现在有些干部家庭来，可能要求得严一些，生活简朴一些，清贫一些。一句话，比别人差。可是，你们想过和普通百姓比没有？以前，你们没有沾过我的光，倒是跟着我受了很多年的委屈，但你们个个争气，靠自己的本事有了好工作，各人有各人的事业，很好，我非常欣慰。以后，还要保持这种本质，更不要沾我的光。”大女儿黄楠打趣道：“爸爸，你的意思我们明白。可你老人家不是老百姓。”黄克诚生气地提高了嗓门，说：“那和毛主席比一下吧。毛主席在世时，他是怎么生活的？他的家人是怎么生活的？如果现在毛主席还健在，他会怎么做？我们要知足，要学会知足，不要总和别人去攀比……黄晴结婚，简单点有什么不好?!”黄晴这时候忍不住笑了：“爸爸，我不是生气。我本来就没有用公车办婚事的想法，听你那么说，我觉得你把我们看扁了发句牢骚罢了。我们早商量好了，决定像你和妈妈当年结婚一样，用自行车当婚车，接新娘子回家!”黄克诚这才明白孩子们在“捉弄”自己，开心地笑了：“哦？好呀！你这小子，早说嘛！看来，大家在自律方面，做得不错!”

黄晴结婚那天，兄弟姐妹们组成一个自行车接亲队伍，把新娘子接回了家。一行人骑着自行车，一路按着车铃，车头上都扎着“囍”字红花，很是热闹。黄克诚夫妇把家人和工作人员邀集到一起，吃了一顿便饭，就算办完了喜事。

黄克诚自加入中国共产党的那一天起，就一直忠实地践行着党的宗旨。他用一生铸就了“一代楷模”的光辉传奇。无论是在艰难困苦的战争年代，还是在新中国成立以后位高权重、生活条件优越的时候，黄克诚都始终保持着从简从低的生活作风，始终为人民群众着想。晚年复出后担任中央纪委常务书记，抓党风建设，制定领导干部廉洁生活准则，他更是处处以身作则，为增强党性、端正党风作出了表率。

黄克诚的崇高品德深深影响着他的家人，仅从他的子女没有一个经商这一点就可看出，他的家风是如何的廉洁。简单生活、勤俭持家是黄克诚一向的生活理念，子女们也一直秉承了这种理念。他们深知，要靠自己的努力，而不是靠父辈的权力去赢得自己的人生。他们绝不能去经商，因为他们经商，会不知不觉地沾到权力的光，会不知不觉地被一些唯利是图的不法商人利用。黄楠、黄煦、黄晴、黄梅 4 个子女，凭着自己的奋斗，个个事业有成，品行端正，使黄家成了领导干部廉洁家风的典范。

黑白对弈的人生

黄克诚经历大起大落，几度沉浮。但他屡受挫折而初衷不改，每临逆境而信念更坚，显示出坦荡的襟怀和高尚的品格，曾被陈云赞誉为“一代楷模”，他身故后的悼词也说他“堪称共产党人的楷模”。他以直言敢言著称于世，而有一件事却不为大多人所知，那就是，他特别喜爱下围棋。围棋是黄克诚一生中唯一的、乐此不疲的业余爱好。和他波澜壮阔、跌宕起伏的人生一样，他与围棋的故事也充满了传奇色彩。

初识围棋

黄克诚初识围棋，是在危机四伏的找党途中。

1927年11月，黄克诚回到永兴，与中共湘南特委永兴特支接上了组织关系，参加发动和领导了永兴暴动，之后跟随朱德、陈毅北上井冈山，与毛泽东率领的工农革命军在宁冈砻市胜利会师，被任命为中国工农革命军第四军十二师三十五团团长。黄克诚因此成为最早上井冈山的“元老”之一。

谁知上井冈山不久，黄克诚又被任命为湖南农军第二路游击纵队司令，被派回湘南去打游击。

黄克诚立即重返湘南，就地坚持革命斗争。

当时，蒋介石部队对湘南地区进行的“会剿”仍在疯狂进行，湘南已沦为极其危险的白区。没几天，黄克诚所在的队伍就在力量极其悬殊的情况下被打散了，不得已黄克诚和李卜成回到家乡永兴潜伏。黄克诚这才知道，农民暴动失败后的湘南，到处血雨腥风，自己也上了反动当局悬赏捕杀的黑名单。在千方百计寻找上下级组织无果、而敌人的搜捕却日近的情况下，黄克诚和李卜成毅然决定离开家乡到上海去找党。

于是，黄克诚和李卜成在家乡潜伏两个月后，踏上找党的旅途。

就在这一次千里找党的途中，黄克诚结识了围棋。

黄克诚和李卜成到长沙后，没有停留，爬上拉煤的火车来到武汉。在武汉几天下来一无所获。他们不敢久留，当即乘船赶往南京，在下关一个比较偏僻的旧式旅馆住下。巧得很，黄克诚在这里与同学曾希圣不期而遇。他们曾同在衡阳读书，后来又同进了广州政治讲习班。曾希圣比黄克诚早来南京几天，也是为了寻找党的关系，但至今没有找到。旅馆里经常有人下围棋，黄克诚和曾希圣不出门的时候，就看人下棋。但因为心里焦急，围棋究竟怎么下的也没往心里去。

黄克诚和李卜成找到了熟人曹日晖、刘乙光，他们都是国民党军军官。曹日晖、刘乙光不约而同地劝他们赶紧离开南京，因为到处都在通缉他们，南京同乡多，认得他们的人多，十分危险。他们不得不立即离开南京到了上海。

上海是当时中共中央所在地，黄克诚和李卜成相信在这里一定能够接上组织关系。但在白色恐怖之下，党的活动极为秘密，两个多月过去了，他们也没有找到党组织，想先找个工作也四处碰壁，且差点被来自家乡永兴的大恶霸、刽子手邓丰立认出来。黄克诚意识到，在上海，共产党员的危险也无处不在。

这时，曾希圣也由南京来到上海，通过他的哥哥曾钟圣同党组织接上了关系。曾钟圣即曾中生，时任中共中央军委参谋科长。黄克诚和李卜成激动不已，当即给党中央写了一个报告，由曾希圣通过曾钟圣转交党中央，请求恢复组织关系。党中央很快承认了他们的组织关系。随后，黄克诚被派往唐山、天津等地开展革命工作。

几经辗转，黄克诚最后在已经调驻湖北孝感的蒋介石嫡系陆军刘乙光的团部找了份差事。

不久后的一天，黄克诚和刘乙光在武汉闹市区突然与刘雄相遇。刘雄是湖南永兴县大地主的儿子，黄埔军校第四期学生，曾和黄克诚在衡阳省立第三师范同过学。湘南暴动时，刘家曾被暴动农民抄没，刘雄有个兄弟也被杀。暴动失败后，刘家便对参加过暴动的农民进行屠杀报复，刘雄到处捕杀共产党员，干尽了坏事。黄克诚正是他日夜搜捕的目标之一。幸而黄克诚急中生智，又有刘乙光打掩护才得以脱身。

打这以后，黄克诚就不再轻易上街了，有空即待在小旅馆里看人下围棋。慢慢地，黄克诚看出了一些门道，学到了一点围棋的基础知识，喜欢上了围棋。围棋之道让他探得了以静制动、以退为进的奥妙。

此后，围棋成了黄克诚一生中唯一的业余爱好。在逆境中，围棋是他的“难友”。战争时期，黄克诚有一段时间和曾希圣在一起，尽管处境艰难，生死未卜，但他们却不忘为下棋吵得天翻地覆。

围棋之乐

众所周知，陈毅幼时受父亲影响学会了下围棋，并终生与黑白棋子结下了不解之缘。他棋瘾极大，即便行军打仗，一副棋子也从来不离身边。他把棋子用布袋装好放在马背上，一有空闲就拿出来和人下一盘棋，和黄克诚也下过几次。受他的影响，新四军时期，很多指战员学会了下围棋，如方毅、张劲夫、叶飞等。也因此，很多人以为黄克诚的围棋也是在新四军时期学会的。但当时，黄克诚的围棋比新四军里一般人下得都好，每当有人问起他在哪里学的下棋，什么时候学会的，他都只是淡淡一笑："嘿，早啦！"

1949 年 10 月，黄克诚被毛泽东亲自点将，从天津市委书记任上南下，赴任湖南省委书记。上任不久，他专程拜会程潜，适逢刘道豫正在与程潜对弈。刘道豫长黄克诚 10 岁，是参加过辛亥革命的一位资深民主人士，大家都尊他为"刘老"。黄克诚已有好长一段时间没有下围棋了，一见围棋，立即兴奋得手痒痒起来。得知他会下围棋，程潜起身相让。黄克诚遂与刘道豫以棋会友，引为知己，以后每当有空闲，两人就要切磋一盘。但黄克诚不只是为下棋而下棋，他把下棋当作团结民主人士的一种方式。黄克诚南下前，毛泽东在香山召见他，一再叮嘱，要团结好民主人士，充分发挥他们参政议政的作用，让他们为建设新湖南、新中国献计献策。黄克诚的诚挚与大义令一向清高孤傲的刘道豫深深折服，他热情主动地为开展湖南的文史工作出过不少好点子。

解放初期，我军大力推进军队的正规化、现代化和革命化进程，百事待举，军委及各总部的工作千头万绪。1952 年 10 月，黄克诚又奉毛泽东亲令北上京城，调任中央军委副总参谋长、后勤部部长。有一段时间，因代总参谋长聂荣臻病休，总参工作都由黄克诚主持。那段时间，黄克诚实在太忙了。总参办公室设在中南海居仁堂，他家住西郊万寿路。而毛泽东习惯夜间办公，常常让秘书在夜间一两点钟打电话找他，或通知他到中南海议事，周恩来也时常晚上找他去汇报工作或开会。时间一长，黄克诚感到极不方便。1953 年夏天，黄克诚把家从万寿路搬到了北海后边的恭俭胡同。这样，他步行穿过北海公园就可到中南海。军委从中南海搬到旃坛寺办公以后，他的家也由恭俭胡同搬到了大水车胡同，但仍然可以穿过北海公园去上班。他有车不坐，每天步行上下班，很多人不理解，他则称之为一举三得：炼了身体，省了汽油，接触了群众。离办公室近了，工作上方便了许多，但他仍是不分昼夜地忙，不知疲倦地工作，从未轻松过。

此时的黄克诚健康状况并不是很好，鼻病发作，咳嗽厉害。医生多次劝他住院休养治疗，均被他婉言谢绝。唯一能让他放松心情、调剂生活的就是下围棋。

那时，有些地方兴起了群众性的棋艺活动，军委总部机关也掀起一股围棋热。星期日只要不开会，黄克诚也会去棋艺室，抽几个小时找人下几盘棋，权当“换换脑子，接触一下社会”。他戴着近视眼镜，不修边幅，穿一件褪色了的黄呢上衣，不带秘书和警卫员，看上去像个邻家老头儿。但一接触到棋子，他就精神振奋，还不时热心地为下围棋的年轻人支招儿。兴致高涨时，还会和年轻人对弈。遇到有些拘谨的部下，他就说："我们都是军人，也是普通老百姓，不要客气，你的棋有功夫，我要向你学两手。"他同棋友一起谈笑风生，一点也没有首长的架子。在总政治部搞研究工作的冯征就经常和他过招儿。冯征发现，黄克诚是一位久经沙场的老棋手，棋风严谨，落子谨慎。年轻人不到半小时就下完一盘棋，他们要一个多小时才能下完。若是第一局冯征赢了他，他就会拉着冯征再下第二盘、第三盘。复盘时则研究棋艺，这成为他们共同的乐趣。黄克诚夸赞冯征说："难怪你棋下得好，搞研究工作能够知己知彼百战百胜嘛！"围棋哲理丰富，充满辩证法，黄克诚将这些运用在军事工作当中。

棋逢对手

在中央军委工作的那些年，与黄克诚下棋次数最多的还是刘道豫。刘道豫先于黄克诚调到北京，在位于北海公园的文史馆当馆长。黄克诚穿过北海公园上下班的那些年，有时也忙里偷闲，顺道去文史馆和刘道豫下一盘棋。对黄克诚来说，和这位老友对弈，乃是人生一大快事。

原来，黄克诚搬到恭俭胡同后不久，一次下班穿过北海公园时遇到了刘道豫。那时，刘道豫经常在公园的树下与人下围棋。这天，黄克诚经过树下，一时兴起观看了一局，才发现下棋的一方竟是刘道豫。久别重逢，自然格外惊喜，两人对弈一盘后，相约以后再续棋缘。

黄克诚虽说酷爱下棋，但由于工作繁重，真正与刘道豫下棋的时间算下来也不多。他有一个原则，下棋归下棋，但绝不能影响工作，更不能贻误事情，下棋只能在周日，以两三个小时为宜，绝不恋战，若是有事情，则半分钟也不耽搁。他谨守这一原则，在有限的下棋时间里最大程度地放大着自己的快乐。

1959 年 7 月的一天，黄克诚审定了两个要呈报中央的文件后，心情轻松，又正好到了下班时间，

整修后的黄克诚故居。

便来到北海公园找刘道豫，要和他好好杀一盘。刘道豫乐不可支，上一次他们下棋，还是一年前的事了。一年里，黄克诚忙于军务，没有顾得上下棋。

两个人按老规矩，黄克诚执黑子，刘道豫执白子，愉快地对弈起来。

然而，这盘棋还未到终局，警卫员就气喘吁吁地跑来向黄克诚报告，中央让他即赴庐山开会。黄克诚闪电般地站起身，交代刘道豫，等他从庐山回来再接着下这盘棋。

黄克诚匆匆奔赴庐山开会。

他哪里会想到，他这种忙里偷闲的快乐围棋竟就此结束了，之后的围棋则成了伴随他度过劫难时光的精神工具！

1959年罢官以后，黄克诚下放赋闲，有了许多时间，却失去了下棋的快乐。他很想去看看老棋友，再找回对弈的乐趣，每次去北海公园散步，他都会不由自主地走向文史馆所在的那条路。然而，一想到自己的处境可能会给刘道豫带来麻烦，他又赶紧折返。如此这般，总是过门而不能入，他的心中很不是滋味。为此，他写了一首七律《有感》，表达他对命运无常、有朋不能相见的悲苦无奈心境：

居近北海偶一行，景物依旧时势新。

花木枯荣犹有律，人事起伏竟无凭。

仰望高天百感集，俯视残躯一叶轻。

欲访故人行复止，无言相见何为情。

随着时局的变化，黄克诚身边的工作人员也在更替。一位新来的“管理员”从树品搬进了他的住处大水车胡同4号院。从树品的任务名为“照顾”他，实则就是监视他，随时将他的情况向审查组汇报。为了更好地“照顾”他，亲近他，了解他的内心世界，从树品服从组织安排，学会了下围棋，以“满足”黄克诚的业余爱好。每天清晨，从树品跟随黄克诚出门散步，下午便陪他下围棋。下棋时，从树品便旁敲侧击地问黄克诚对目前的处境有何感想，企图从他的言语间发现一些“有用”的材料。但黄克诚从不言及自己蒙冤之事，以“无可奉告”为由一笑而过。他不发牢骚、不讲怪话，生活依然俭朴、严谨，心中想着的也是人民群众。久而久之，从树品不仅没有发现什么“情况”，反而渐渐地被黄克诚的胸襟与品德所感动、折服，觉得他可敬可亲，和他相处越来越融洽，学下棋的劲头也更足了。

那时候，黄克诚几乎天天下棋。他一向严谨克制，围棋是唯一能使他高兴的业余生活。他就像个争强好胜的小孩子，每次下棋如不胜一局就不会罢手，有时还以视力不好为由悔棋。一次，他和并不太会下棋的警卫员下棋，有步棋看错了，就笑着说：“你等一下，我悔一着。”警卫员觉得这时候的黄克诚很可爱，也假意赌气，站起身不与他下了。黄克诚却上前拉着他又坐下来，笑嘻嘻地说：“那你也悔一着吧！”他难得一见的孩子气让人又好气又好笑。有时一盘接一盘地下棋，下的时间实在太长了，他就主动停战，连连说：“不能下了，头都下晕了。”

1965 年，黄克诚结束了赋闲生活，被降职任山西省排名第九的副省长。在那里，他认识了 12 岁的围棋少年张小弟。和张小弟下完头几盘，黄克诚就笑了，称自己这是碰到“正规军”了。棋逢对手，对下棋的人来说是件幸事，张小弟很快成了黄克诚的忘年棋友。得知张小弟在省体委少年班学习围棋，还经常参加全国比赛，黄克诚很是欣慰，感慨现在的孩子们学棋有好条件了，不像自己那一代人。张小弟好奇地问他是在哪里学的棋，他的脸上立即浮现出神秘的笑容："嘿，早啦！"张小弟太小，理解不了那些久远的故事。

一天，黄克诚正和张小弟下棋，秘书带回了一份刊有中国围棋手陈祖德战胜日本九段岩田达明的消息的报纸。黄克诚一见，顾不得下棋了，一把抓过报纸看起来，一边看一边激动地嚷道："了不起，了不起！这个陈祖德了不起！"他非常关注陈祖德，之前的 1963 年得知陈祖德战胜了日本杉内雅男九段，成为第一个在中国击败日本九段棋手的中国人，打破了"日本九段不可战胜"的神话时，他就曾激动得在大水车胡同 4 号院里奔走狂呼，现在陈祖德时隔两年又胜一名日本围棋高人，实在了不起！他当即鼓励张小弟，要好好下棋，将来为国争光！

围棋高度

1978年，历尽劫难的黄克诚复出，担任中央军委顾问、中央纪委常务书记。不久，中国围棋协会要举行“陈毅杯老同志围棋赛”，协助活动组织工作的张小弟对协会主席陈祖德说：“黄老的围棋下得很好，极有资格参赛。”陈祖德立即说“快请黄老”。为此，张小弟去拜见了正在301医院住院的黄克诚。张小弟没想到，此时的黄克诚，一只眼睛已完全失明，另一只眼睛也只有微弱的视力了，自然不能参赛。但谈到围棋，黄克诚甚为兴奋，他关心地问现在国家谁的围棋下得最好。当听说下得最好的聂卫平还在黑龙江农场养猪时，他立即说：“要调回来，国家还缺一个养猪的围棋冠军?!”

关于围棋的话题勾起了黄克诚对刘道豫的回忆。尽管他知道自己不能重拾与老友对弈之欢，但可以畅谈劫后余生的感悟。他来到北海公园，不料得到的却是一个噩耗！世事沧桑，刘道豫早已故去。让人震惊的是，刘道豫临终前，将当年的那副围棋留给了黄克诚，嘱人一定要等到黄克诚，他坚信，只要黄克诚能活着出来，就总有一天会登门找他。

黄克诚做梦也没有想到，当年与刘道豫的一别，竟成永诀！那盘棋，竟成一盘永远未下完的棋！

棋如人生，人生如棋。黄克诚抚摸着刘道豫的遗棋，百感交集。

比起专业围棋手来，黄克诚的围棋水平不算高。但他作为围棋业余爱好者，棋高一着之处在于，他真正洞察了围棋的一些思维秘密，并将它融入自己的军事思想和人生智慧。冯征写过一篇《老棋迷黄克诚大将》的文章，文中引用过黄克诚谈围棋的话：“‘虚心使人进步，骄傲使人落后’，这是主席的教导，也是棋艺进步的重要因素。有多次看来你要输了，但是你深思熟虑、千方百计地转败为胜，这点作为军人是最重要的。经常研究棋艺，这既是高雅的娱乐休息，又可以锻炼思想方法，对学习军事很有帮助。”这段话，充分表明黄克诚下围棋绝不止于围棋艺术。

把下棋当成是学习，从围棋中观军事战略，看社会风云，明政治谋略，察人生变幻，这才是黄克诚下围棋的最高境界。而围棋的变化莫测，也如黄克诚的人生，风诡云谲。当然，在他人生的棋局里，他是胜者，是赢家。他胜，胜在心志奇坚；他赢，赢在高风亮节。

后　记

这部小书《黄克诚往事》，由10篇纪实散文而成。

从创作电影剧本《一代楷模黄克诚》到这部《黄克诚往事》，已是5年飞逝。5年，我所有关于黄老的文字，都是凝聚了众多长者、导师、文友、朋友的心血之果，没有他们，这一切就无从谈起——

2014年国庆期间，《一代楷模黄克诚》剧组制片人林国治打来电话，让我去《黄克诚传》编委会，说谭政委要接见我。谭政委，就是谭乃达，《黄克诚传》编委会主任，国防大学原副政委，中国人民解放军中将。我已经听编委会介绍过他，非常有才情、非常有魄力、非常有智慧的一位老军人。

大约是2013年盛夏时节，林国治请我给电视剧《一代楷模黄克诚》大纲提意见，并约我创作一部以黄克诚在中央纪委工作为背景的电影。黄老在湖南是有口皆碑，尤其是在他出任湖南首任省委书记后，根绝了湘西百年匪患的事，更是家喻户晓。作为湖南人，我对黄老早就有所了解，所以毫不犹豫地答应了。

我给电视剧大纲提了意见后，又以最快速度完成了《黄克诚在中央纪委》电影大纲。

编委会讨论电影大纲时，我第一次来到设在国防大学二院的编委会。编委会坐落在一个陈旧不堪的平房里，门口挂着的金底红字匾牌也显出了几分风吹日晒的痕迹，办公室内堆满了各种各样的印刷品，就更是狭窄拥挤。编委会三员主力干将悉数到场，马长志、李柱江、刘建皋。马长志是国防大学原第二编研室主任、编委会办公室主任，李柱江是原总参办公厅编研室主任，刘建皋是国防大学原第二编研室副军级教授，个个当年都是军中的大笔杆子，每一个人都有一份精彩纷呈的履历，令我肃然起敬。因此，他们的意见我一字一句也没有落下。

电影大纲做了细致的修改后定稿。但是，拍电影不是那么简单的事，很兴奋地折腾一段时间后，事情又慢慢地搁置了下来。现在是不是我的电影大纲有了新进展？

我既兴奋又忐忑地来到编委会，见到了谭乃达老将军。他身材魁梧、目光炯然、表情严肃，与我一握完手，便盯着我发问起来：王子君，你是否愿意参与黄老剧的编剧工作？

我愣住了，脑海里闪过 N 个疑问号。但回过神来时，我还是干净利落地回答：我愿意。

谭政委指指编委会的人，接着问：我们都是凭着对黄老的热爱与崇拜做这件事的，是出于使命感。你是地方作家，你要什么条件？

我说：我没有条件。

谭政委这才露出笑容，赞赏的、慈祥的笑容。接着，他滔滔不绝地谈起了黄老这个人，谈起了

《黄克诚传》编委会成立的缘由，及至今的成果以及拍摄电视剧的初心，谈起了编委会成员们呕心沥血扑在这些事情上的使命担当情怀。他声音宏亮，思维敏捷，从历史、现实、将来的角度，将宣传黄老和当前正风肃纪、反腐倡廉形势紧密相联，俨然给我上了一堂生动的、深刻的，有高度、广度、深度的时政教育课。

我震撼至极。谭乃达、马长志、李柱江、刘建皋，他们都是七十好几甚至奔八十的人了，且都有这样那样的健康问题，一个个要身份有身份，要地位有地位，要成就有成就，都可以潇潇洒洒、风风光光地颐养天年，却将研究黄老、宣传黄老精神当成晚年事业，将生命的晚霞时光全部倾注到这份事业上，为国为民之情，日月天地可鉴！

面对这样一个群体，我有什么理由讨价还价？又有什么理由不愿意参与编剧？

后来我才知道，原来，我对于电视剧大纲的审读意见，我创作电影大纲时所表现出的敬业精神，令编委会大喜过望，纷纷建议吸收我加入编剧，谭政委这才提出要接见我。

简陋陈旧的编委会办公室里，突然有了金壁辉煌的感觉。那是这些老军人燃烧生命所发散出的光焰。

尽管我有过放下一切事务潜心几年创作《老子大传》的经历，但我仍然不曾想过，我这样一个散漫得不可救药的作家，有朝一日会触碰黄克诚这样一个题材，而且，我竟然没有质疑一下自己的勇气与能力就扛起了编剧的重任。

那以后，我所有的节假日，变成了我独自鏖战的辛劳却美妙的“狂欢”。

我如期完成了初稿。在创作过程中，黄老的形象日益丰满：他是一个善于独立思考的人；一个富有军事谋略的人；一个敢讲真话的人；一个政治智慧超群的人；一个顾全大局之人；一个热爱学习的人；一个廉洁自律的人；一个勤政爱民的人；一个敢于坚持真理的人；一个实事求是的人……这些，构成了他独特的人格魅力。而大大超出我自己预期的是，随着对黄老的研究日益深入，我对于中国人民解放军的历史、军队建设与发展也有了或多或少的了解，当初的幸运转化为一种深沉的责任感、使命感。我为自己能接触到这样一个题材而深感幸运。黄老在我心中耸立起一座英雄丰碑。我坚信这样一个历史人物，像他一样的革命英雄人物，将在历史的星空中闪闪发光。我也深深认识到，权势、财富不能成就伟大的人格，唯有清廉公正、信念坚定、敢于坚持真理，才能成就伟大的人格。黄老在历史的转折关头，抛开个人得失荣辱，以超人的勇气担当历史责任，其人格魅力令我折服、钦敬、崇仰。历史因为有这样的伟人存在，才值得敬畏。

谭政委率编委会仔细审读剧本后，提出了十分详细的修改意见。讨论时，黄楠大姐来了。她和她的兄妹们，也在第一时间读到了剧本。她是黄老的长女，朴素、健谈，对诸多问题有着深刻且独到的见解，其作风与黄老真正是一脉相承。她代表黄老四个子女发表意见。我趁机对她进行采访，请她讲述她所知道的有关黄老的故事。黄楠大姐讲啊讲，讲到了母亲带着她和黄煦、黄晴、黄梅去探望被关押着的父亲的情节。他们兄妹已经有7年没有见过父亲了。然而父亲不耐烦他们对他的嘘寒问暖，而是一个劲地问他们“潇水开发解决了旱灾的事情，那粮食产量上去了吗?”“全省粮食今年有多少亿斤?”“铁路建设呢?焦枝线、枝柳线都通车了吗?”他关注的是粮食、铁路、水库、石油等等国家民生大事，而把个人的境遇置之脑后。他让子女们明白，国家和人民在他们那些为之奋斗流血过的人心里，是不一样的，分量太重太重。黄楠大姐语气平和，我却听得泪眼婆娑。我感受到一颗伟大的灵魂，感受到一个伟人的境界，感受到一种忧国忧民的伟大情怀!

如果说第一稿创作还只是停留在循规蹈矩式的叙事上，那么第二稿，第三稿，因为有了对黄老不断加深的认知与感受，我给人物注入了更多的“魂”的内涵。

五易其稿后，《一代楷模黄克诚》正式完稿。

我知道，我已自觉地接过了传承黄老精神的责任。有了责任，就有了义务。我站在前辈的肩膀上，拥有非常坚实的平台，这将有助于我担当责任与完成义务。

我开始思考如何将我对黄老的研究转换成文学成果。

值得欣慰的是，这个时候，我个人的创作境界，因为受到黄老人格魅力的洗礼，也有了一番天开地阔的升华。虽然我没有办法对黄老生平事迹全面重采一次，但编委会丰富的资料库和几年来我所采访与挖掘到的有价值的、新的第一手资料积累，已无法让我遏止创作激情。

我开始以纪实风格进行文学创作。此后两年多，创作了 60 万字的《黄克诚在新中国》；28 万字的《黄克诚在中央纪委》；以及纪录片脚本，并在《中国纪检监察报》《学习时报》《湘潮》《人物传记》等党建权威报刊发表了一批纪实散文……

在此，我对许多人致以最真切的感谢。

谨以此书献给所有热爱黄老及当年老一辈革命家精神的人，献给所有向往高贵人格的人！

图书在版编目（CIP）数据

黄克诚往事/王子君著．—北京：中国方正出版社，2024.3
ISBN 978-7-5174-1331-8

Ⅰ.①黄…　Ⅱ.①王…　Ⅲ.①黄克诚（1902—1986）—生平事迹
Ⅳ.①K825.2

中国国家版本馆 CIP 数据核字（2024）第 071958 号

黄克诚往事
王子君　**著**

责任编辑：杨　睿
责任校对：周志娟
责任印制：李惠君

出版发行：中国方正出版社
（北京市西城区广安门南街甲 2 号　邮编：100053）
编辑部：（010）59594619　出版部：（010）59594625
发行部：（010）66560645　门市部：（010）66562733
网址：www.lianzheng.com.cn
经　　销：新华书店
印　　刷：北京中科印刷有限公司

开　　本：880 毫米×1230 毫米　1/32
印　　张：6.5
字　　数：87 千字
版　　次：2024 年 7 月第 1 版　2024 年 7 月北京第 1 次印刷

ISBN 978-7-5174-1331-8　　定价：35.00 元
